Love & Sex

爱与性的实验报告

修订本

小庄 ／ 著

ZHEJIANG UNIVERSITY PRESS
浙江大学出版社

目　录

实验·爱

1

解析·性

情
感
·
圈

有点装，但很真实，欢迎来到唐纳薇的世界

一

在我不甚正常的和写字有关的岁月里，总试图用小说的格式来思辨，用公式的套路去讲音乐，又或者，用诗歌的方法来谈原理，用定量的企图去描述感觉。总之，总想很努力地把理性和感性糅合到一起，不管是否有吃力不讨好之嫌。

倘若被问之，为何总是热衷于此等混搭，唔，那的确是一个有点长的故事。

从头开始讲吧。大约在十几年前，我所待的聚合物实验室，每天都要煮一锅以甲基丙烯酸甲酯为主料、各种烯酸酯为辅料的乳液。所谓乳液，是因为在那个透明的玻璃反应容器内盛满了水，而微小的油性有机分子以水包油形式存在。当它们逐渐以链接的方式成为高聚合度的大分子之后，整个瓶子就会透出微蓝、柔美的乳光来。

每天下午,坐在实验台对面的书桌上,透过层叠的仪器,面前摆着一本记录本,不时地探头看几眼反应器,每间隔一段时间就要起身,用一支滴管从中取出约 0.5 毫升的样液,滴在表面皿上,称量,用最快的速度烘干,继续称量,然后大致估算出一个叫做聚合度的数值来。

而在那等待乳光到来的漫长却又碎片式的时间段里,我花了大量的力气去思考这样一些问题:到底,生命中最重要的是什么?我是谁?我会成为谁?我将去追寻什么?

终于有一天,我决定放弃那抹微蓝。

随之而来的是一个有些疼痛的成长阶段,说疼痛是因为许多变化发生得实在太快了——放弃科研转而靠写乐评和文字报道为生。那期间,许多场景恍如一梦:有一阵子我的工作就是晚上十点之后打车出门,来到一家喧嚣的夜店,观察台上的 DJ 如何打碟,构想着怎么用文字把这一切记录下来。也许这样的生活值得很多年后去细细品味。

如果说,通过这些事,我终于把自己归结为一个以"写字"为重要属性之一的哺乳纲灵长目人科人属智人种个体,但在"写字"两个字前,仍显得十分空旷。我不认为对感觉、表象的描述就是自己的终点,虽然它感动了我,却并没有抓住我,就好像当年做的某种聚合物端基还在等着去设计。那么,该用什么词汇去填补呢?

我在等。

转机或说契机的出现,是在慎重选择了一家科学媒体供职之后,我开始涉及"科学写作",名正言顺成为了一个"科学工作者"。

生命于某个阶段会出现一种回归,如此选择,也许最适合作为逃兵一枚却又怎么也放不下那不可捉摸的理性逻辑美的自己。虽说世间万象并不是非此即彼,但我愿意选择从脉络和机理的层面去看清,而不仅仅停留于感觉。

二

从 2009 年夏天开始,受前同事项斯微姑娘之邀,每隔一周在《上海壹周》上更新"科学家闺蜜"的专栏。最初,我被限定不可以写问答,不可以太学术,不可以没有科学含量;最最要紧的,不可以面目可憎、语言无味。

大概思忖了一晚,我构想了专栏的基本风格。其实也很简单,这些年看过不下百种亦舒小说,各种桥段的讲述、运用了然在心,何不尝试虚构一名主体人物,辅佐三五配角来讲故事,而在故事的间隙插进科学现象进行分析呢?

"唐纳薇"因此而诞生。没错,她是个人物,具有如下属性:出生于中国一二线城市,接受过高等教育,姿色中等偏上,IQ 有个130 吧,拿的应该是年薪。这是一个有着我和身边许多同类人影子的设定,她坚强得有点装,但又绝对真实。

为了塑造唐纳薇和她的朋友们,我把听来的各个故事揉碎、拼接、杂化、移植,隔周的星期二晚上就要抱着笔记本在被窝里憋出一篇。不得不说这是个快乐的创作过程,也不得不感谢项斯微近两年来的威逼利诱,否则这些文字不可能从无到有。这本书中写

到的许多情事、人事或案例,都有着某种程度的非虚构性,书中的特别之处在于,会被植入若干用来分析原因的道理——它们或是一些来自演化生物学或生理学的理论假说,或是一些博弈论或决策研究的议题。

毫无疑问,以上做法没有遵循正式科学写作中的一套标准,并不足够严格,有"预设"或"附就"的嫌疑。而非常清晰的一点是:让唐纳薇代言我,更多的是为了表达一种"我们是这样来思考问题"的态度,而非坚定地要告诉人们什么大道理。即便是一个从业多年的研究者,也不会声称人类的爱、性、情感、关系"就是那个样子了"。每个针对具体问题的探讨,给出的仅仅只能作为阶段性结论,是有条件和边界的。无论如何,绝对化的表述在科学严谨的世界里绝对不会受到认可。我也力求在描述中呈现确切出处、样本大小、相关数据等基本的实验方法,也许看起来稍嫌繁复,使得行文趣味性下降,但却必须如此。

三

还是回过来说爱。

爱,的的确确,可以有多浮泛就可以有多深刻,可以有多狭隘就可以有多宽广,可以有多现实就可以有多飘渺。年轻一些的人们,对这个字的感受多来自于那些美丽的文字、影视。而当渐渐不年轻,对这个字就无法再做过多旖旎、不合实际的想象。

比如,关于"来电",科学会告诉你,这其实是一种性唤起。如果用仪器测量的话,在狂热状态中人的某部分脑区活动变得特别频繁,从身体上来说,不过是因为去甲肾上腺素的大量涌出而造成了兴奋和心跳加快。关于永恒的爱,科学会告诉你,那种随着生物体的消亡才消亡的爱是个例,因为爱是对人身体的消耗,如果一直很疯狂地爱人,必须具备很强的体质,进发式的巅峰状态只出现在很短暂的瞬间,基本上所有人都无法胜任这种事物,"永恒"只存在于传说里。

唐纳薇,担负着使命而出现,一边观察一边讲述,理据无非都是诸如上述那些。她做着看似聪明却不讨好的事,很辛苦地厘清着作为生活在这个星球上的一个女人渴望知道的那些道理。而那些辛苦,说白了,皆因本星球有着另一种叫做"男人"的生物。

我在六十多个篇目里,写的每个故事,均来自于这种对立而生的疑惑。写了它们的我和身在其中的每个角色一样,不曾穿越过这个困境,却也因为讲述带来的释怀而能够自在嬉笑。

让·波德里亚随笔集《冷记忆》里面写过一段非常有趣的描述,会被我在不同的场合下反复提起,无论用它来表达困境或提出解决方法都可说太绝妙。原文大致是说,男女相悦在双方的理解上难以调和:对于男人而言,他希望直入主题、省却那个过程;而对女人而言,她希望那个过程无限长、反复玩味。那么化解这一矛盾的唯一方法是:女人在去往男人房间的途中,从踏上第一层楼梯就开始脱衣服,一路脱,于是她占有了那个过程,当男人打开房门时,看到的是一个赤身裸体的对象,于是他直抵了那个结果。

在能力范围内,我无法提出比波德里亚更无懈可击的设定,但

却会据此想到著名动物学家、人类行为学家德斯蒙德·莫里斯的一个说法，他在畅销书《亲密行为》中把两性交往设定为 12 个阶段：眼对身阶段、眼对眼阶段、话对话阶段、手对手阶段、臂搭肩阶段、臂挽腰阶段、嘴对嘴阶段、手对头阶段、手对身阶段、嘴对乳房阶段、手对生殖器阶段、生殖器对生殖器阶段。这是一个渐进的过程，两性经历那些中间环节，为的是到达最后的阶段。其中的某个具体环节，可以很长也可能很短，一些情况下甚至可能停留在某个阶段就无法深入了。

不知道人们会不会和我一样，觉得这当中有一种美妙的对应，这种对应甚至掩盖了我们进入真实的一番挣扎后所必然直面的破碎和美感的消弭。

四

你相信倘若有一天，科学足够发展，人类可以预测或者控制爱情吗？不止一次地、在不同场合下被问到过这个问题。我的回答是："是的，我相信。"提问者不约而同地追问一句："你不觉得那很无趣吗？"我也会继续回答："不会，要相信我们到时候已经发展出了反预测和反控制技术。"

唐纳薇和她的女朋友们

• 唐纳薇 31 岁,本书主角,名牌大学生物学硕士,门户网站高管,好理性谈风月,闲时会在所谓时尚杂志的犄角旮旯里展示其思想的火花。

• M 33 岁,海归经济学博士,工作于四大会计师事务所,是四人中最 tough 的一位,女人中的逻辑辩论极品,宴会上常见其分析全球政经形势。

• 莫扉 28 岁,艺术专业出身,先后在广告行业、公关行业和媒体行业混迹,现为一名独立作家,最爱标榜自由,实则以此为名交结各国男友。

• 戴安 29 岁,语言学专业出身,明星经纪人,前女文青特质在摸爬滚打中屡屡遭受重创,且于现实激流中保留着传统保守的内在。

此外,在本书中依次登场的还有 Elaine、丝丝、Shirley 等诸多生活于现代都市中的女子,她们的故事,或许你也经历过,或者,正在经历着……

Chapter

I

实验·爱

　　我们无意间已经卷入了这场讨论，许多科学家把它最终归为这个由四个字母构成的词——LOVE……人们普遍认为"性"很容易界定，而"爱"却云山雾罩。女人常把爱挂在嘴边，男人则更多地谈论性本身，因为女性往往含蓄，不会去表达真正的意图。

　　极少有思想家认真地探讨过这问题，或许人们在谈论爱的时候没有掺杂其他因素，仅仅是爱本身。

　　爱与性的关系相伴而生并非近期的浪漫发明，它像维纳斯一样，早在上新纪的波涛中就已经崭露头角。

——英国女性主义作家伊莲·摩根《女人的起源》

21 年热恋

如果想不再受伤,就去寻找一位 AVPRIA
抗变异性良好、腹侧被盖区功能超常的男人吧,戴安们。

　　戴安,80 年生大连美女,我密友中最有斗志的一位。总有办法遇上各类不靠谱的男人,不管年长的还是年轻的、南方人还是北方人、搞艺术还是搞 IT,和她耗下来,不出半年,准鸣金收兵。周末下午,约我喝茶,那对虚焦游离、失魂落魄的眼神,不问也知:又一次战成了独角将军。

　　她的经典提问通常也是我俩之间频率保持在两个月一次见面的惯用开场白:"告诉我,男人的爱为什么都那么短暂?"

　　"亲爱的,从道义角度,我非常愿意成为你的同盟,去谴责那些负心背信的雄性动物。可是,从旁观角度,我非常有必要告诉你,倘若我是他们中的一员,每天都要面对'你会不会爱我一生一世'这么复杂的人生问题,也会趁早三十六计走为上的。"

　　"他们难道真的无法爱得久一点吗?"

　　"根据神经心理学的解释,无论男女,恋爱时处于多巴胺海洋中的大脑状态平均可以持续两年。通常来说,不应该期望每个雄性都用满这个额度。"

　　我的回答,不得不说,始终有一种死理性的高冷,绝对不可爱。

　　但,戴安是那么楚楚可怜,屡败屡战,始终执着一念,认为有人

会陪她把这个游戏玩到底、玩到极致,我也不忍心全然地冷水泼上去。偶尔,要给她带去好消息,今天是一个田鼠的故事。

科学家早就发现平原田鼠是哺乳动物中罕有的自发遵循一夫一妻制的异类,它们对爱的恪守不像人类来得矫情——从来不需要道德、法律等约制。缘何如此?研究得出,脑神经垂体释放的两种激素——催产素和加压素,与这种行为密切相关。假如给某只雄田鼠注射后叶加压素,它会变得强烈依恋某一只雌田鼠,不再合群,还不给其他田鼠接触与它结为伴侣的那只雌田鼠,俨然以保护者和拥有者自居。有趣的是,雄性田鼠具有一种遗传性的抗加压素响应机制,如此意味着这些家伙不怎么主动去找配偶(研究认为,男人也有类似遗传趋势,所以他们不大愿意结婚)。不过,做爱会自然激活它们的加压素分泌,从而一改浪子作风,开始结合和筑巢。另外,基因的影响对于平原田鼠族群稳定的婚姻表现也至关重要,当科学家把一种 AVPR1A 基因添加到它们那不怎么守规矩的亲戚——草地田鼠的大脑以后,不可思议之事发生了:后者的行为变得讲究文明伦理了许多,将大部分时间花在陪伴伴侣和养育后代上。于是有人受到启发,进一步检验出该基因编码的蛋白质正是控制大脑血管中加压素水平的受体。

人类大脑也存有该基因,瑞典一个研究小组为 500 对与伴侣结婚或同居 5 年以上的成年男性双胞胎大脑中的 AVPR1A 基因进行了检测。结果显示,一旦携带这个基因的变异副本,那么男性对伴侣的忠诚度就会下降,1/3 以上携带两个变异副本的男性曾经历过婚姻问题,而未携带的仅为 15％。所以,美丽天真善良的戴安啊,你所有的不幸,不在其他,只在于遇上了 AVPR1A 已然变异的对象,而且,一次又一次。

至死不渝、好似童话一般的爱到底有没有呢？我想是有的。最近心理学家发现,那些自称很多年后仍疯狂爱着对方的人并没有说谎,因为他们的大脑腹侧被盖区的脑电波活动还和刚坠入爱河的人一模一样。这一区域被认为与恋爱初期阶段炽热情感的产生有关。

"很多年是多少年？"

"确切来说,这些人的平均'爱龄'达到了二十一年。"

我看到对面那双眼睛一下子亮了起来。

TIPS

AVPR1A

一种后叶加压素受体基因,后叶加压素是一种和社会联系相关的让人感觉良好的荷尔蒙。

流感时期的走神

倘若你什么都不愿意相信,倘若你仍然愿意相信一点什么,
不妨记住:幸福即是当下的每一刻,瞬间当作为永恒来度过。

　　我们很有可能已经生活在一个这样的时代了:对瘟疫的想象也将成为休闲娱乐的一部分。对大家来说,这未必不是件好事。比如我,每次大隔离前夕,就可以把《霍乱时期的爱情》《传染病屋》《英国病人》之类的小说电影翻一堆出来,开始 YY 那些末日爱、乱世情。在惆怅和满足的混杂错综中吃饭睡觉,做梦也对生活充满了感恩。

　　猪流感一旦盛行,我们爱上医生或者护士的机会就会增加许多,这由人类趋利避害的天性使然,并且更根本的原因还在于——达尔文老爷爷及其继承者 150 多年来不厌其烦地告诉我们,爱情最初的使命,只不过是为了种群繁衍而设置的一个局、一个机关。可人呢,总是希望本能之外还有更高尚的原因和理由,于是思考,于是辩证,于是为了说服自己而拼命说服别人……马尔克斯之流很不厚道地利用这个问题来搞惨了我们的脑子,因为所有从事创作的人都一样,喜欢或多或少地玩一下文艺的吊诡。

　　但为什么每一次还是上当,鼻子酸酸,眼睛湿湿,没出息地祈祷日后也能有机会在病魔缠身中死于心爱之人的怀里,才算得上此生无憾?

因为我明白在无度的生老病死到来之前,就要将罗曼蒂克扼杀在未成年。

"爱你,现在,很爱很爱。"

"那么明天呢,还爱不爱?"

"应该还爱的吧。"

"明年呢?"

"我不知道。"

以上好似来自《罗拉快跑》中某场景的对话,也曾发生在我和第n任男友之间。他的回答,毋庸置疑是让我失望的,所以分手往往不需要等到明年就上演了。很久很久以后,触景生情回想起来,可以确信的一点是,年轻的大家都足够称得上诚实。

不过诚实和幸福无关。

在消费心理学中,有一种叫"幸福的无知效应"。意思是说,一个人已经做好了为某物品支付报酬的决定以后,就不需要去了解它更多的相关细节,那样做对增加幸福感无益。这个理论有实验为证:顾客买了巧克力再看说明书,或买了电影票后看评论,感受到的愉悦都会随着了解咨询的越来越多而表现出直线下降。

说白了,聪明人一定比傻瓜烦恼。

情感世界与消费领域颇有共通之处。大致说来,这两个方面的行为都来自欲望,一开始是受冲动驱使寻求快感,然后和预期进行比较,最后回归理性。其中,寻求快感是很值得琢磨的一个环

7

节,涉及大脑中的"奖赏回路"机制,指的是在消费情感以及物质时,因为**多巴胺**的作用而体验到一种狂喜,压倒式的狂喜。为了获取这种奖赏,有人也许愿付出一切代价也在所不惜,即便它短暂得没法用正常尺度来衡量。所以,最纯粹的幸福感一定是如此得来的:只看到你想看到的,直奔主题,对其他的信息忽视,也不去关心快感之后是什么。

就这样做回一个无知的、快乐的、相信爱的人,有没有可能?

我想,当瘟疫蔓延,我们再也没有心情考虑房子、股票、未来,再也没有时间争辩、猜忌、怄气,再也不会问出"明天你是否依然爱我",就差不多了。

TIPS

多巴胺

　　一种神经递质,主要负责大脑的情欲、感觉,将兴奋及开心的信息传递,也与上瘾有关。爱情的感觉其实就是脑里大量多巴胺作用的结果。

爱的对面,是忘

那些过了十年二十年后,还记得每年一度,
在一个特殊日子,向远方说声"生日快乐"的人,请举手。
恭喜你,和我一样,你留住了此生不会再有的东西。

倘若行进于旅途,某雨夜,蜷在一个中西部城市幽静的青年旅舍,看完一部叫做《柳暗花明》的欧洲电影,那感觉真是忧伤蚀骨。

年轻时十分相爱的夫妇,在他们安定的晚年生活展开之时,突然面临一次情感生活的考验——不不不,别担心我在陈述什么俗套的黄昏婚外恋——这里唯一麻烦之事是老太太得了**阿尔兹海默症**,开始慢慢失去记忆和生活自理能力。没办法照顾好妻子的老先生只能求助于疗养院,把她安顿下来,隔一段时间去看望一次。

耐人寻味的变化出现在数次探望之后,除了老太太基本上再也认不出来这个自己曾发誓相伴终身的伴侣之外,这位丈夫还不得不察觉到更残酷的事实:妻子已经和疗养院中另一位老先生过从甚密。至最后,他只能远远看着,成为一个心情复杂而无助的旁观者。

不过生命总归有各种可能性,放到科幻小说里,这个故事会用一种美好一点的方式被讲述出来。几年前看过一个短篇,前面设定和《柳暗花明》几乎一模一样。不同的是,当老先生发现妻子开始遗忘曾经的一切美好、再也想不起他们如何初遇、再也无法分享

喜怒哀乐之时,他找到了一位脑神经医生,让对方以人工方式改变自己的大脑蛋白组织,从而也患上同样的病症,得以陪同爱人一起经历整个被剥夺记忆的过程。小说结局是:他们在疗养院相遇了,白发苍苍的老先生看见同样白发苍苍的老太太,心想"那个小姑娘真好看,我要上去和她说说话"。

看《柳暗花明》的日子是夏至日,这时间对我来说,最大意义和不寻常之处在于——初恋男友的生日。屈指算来,我们的相遇发生在 15 年前。当初,为了不丢失生命里最重要的一份感动,我把所有和夏至有关的事件都记在了小说和诗歌里。如今,他在相隔甚远的城市生活、做事,已为人父。这是我多年来一直遥递生日祝福的男人,也是唯一一个。

最初,人类中的脑神经研究者们想当然地认为,爱的对立面是恨,他们花了大量精力在"憎恨回路"的探索上,最后来自伦敦大学的塞米尔·齐克(Semir Zeki)团队却不得不惊讶地率先发现,两种被设立为相对的情感在脑区中发生的位置大部分是重叠的,它们同样强烈而坚强地在壳核和脑岛中闪耀。一般来说,壳核的作用与身体运动有关,因此不妨猜想它具有行动力的一面将用于保护情人或攻击情敌;而脑岛则与嫉妒之类的情感相关,这不难理解——无论爱一个人还是恨一个人,都是嫉妒伴随到底的伟大事业。明显不同只在于涉及评价的大脑脑叶皮层,在人沉浸于爱之时,它几乎是休眠的,而一旦内心充满仇恨,此区域将被激活起来,所以"热恋时期判断力为零"的说法是有科学依据的。

这个研究最后得出了如下推论：恨不是爱的反义，遗忘才是。

很高级的认知，同意吗？

爱是那个人在脑中的刻痕，不爱的实质是这些刻痕用某种方式淡去，不再能以任何方式、任何理由、打扰我们。分手时刻不忘问"你会忘了我吗"，这是可敬可叹的悲情者——尽管已知晓真相，却仍然想和天性对抗、和时间叫板。如果的如果，还能记得，也还能被记得，那将是上天最好的恩赐。这份幸运对每个人来说，都不可多得。

TIPS

阿尔兹海默症

俗称老年痴呆症，一种神经系统退行性疾病，临床上以记忆障碍、失语、失用、失认、视空间技能损害、执行功能障碍以及人格和行为改变等全面性痴呆表现为特征，病因迄今不甚明了，有相当大的遗传因素。

不移情，就别恋

如果对方没法感受你，感受你的痛，
也不愿去做，那便是一种缺陷。
为缺陷而等待，在我看来，毫无意义。

听台湾歌手坣娜的歌已是高中时代的事情，最近在豆瓣网上偶然发现她的小组，立马加入，然后在怀旧之情驱使下把过去那些老歌儿都找回来听。这个模特出身的二线明星一直让我念念不忘，很大程度在于她唱了一些听上去蛮有想法的情歌，专辑名也很有意思，比如一张叫做《移情》，就会有一张叫做《别恋》，一张叫做《毒药》，就会有一张叫做《解药》。

"移情"如果和"别恋"连起来就是"移情别恋"，意思应该地球人都懂，但单独拿出一个"移情"来，就未必了。在心理学上，它有多种内涵，其中一种等同于共情——可以简单解释为能够理解他者情感和感受的能力。这可是个好东西，至少许多动物行为学专家都认为，灵长类的道德起源与此有关。一只黑猩猩会从地面上捡起受伤的小鸟儿、爬到枝头上去放飞，就因为在它那可爱的大脑里发生了移情作用。

可惜生物演化之途并不总是孕育出美妙绝伦的鲜花，填充这一过程的主题，除了"演化"一词之外也少不得"退化"二字。在社会形态早期贡献巨大、并促生个体之间建立强烈情感纽带的"移情",今时今日早已没落。经常听到女人抱怨男人如何"铁石心肠""薄情寡义",男人抱怨女人"没心没肺""无动于衷",许许多多诸如此类听上去颇显夸张的成语和形容词,出现于平素生活里的频率越来越高。依我看来,这无非与移情功能在人类身上的迅速消退有关。

一位我认识的男生,九年如一日,满怀爱意地给心仪的女孩写情书,对方接到后就会随手丢给办公室里众人传阅。

沉默寡言的一位年轻前同事,交往过一个女人,此女最大乐趣就是把他身边每一个长得不错的男人都勾引一遍过去,并非常乐于看到男友为此发狂。

另一位好友,与男友发生争执,被对方关在房门外六个小时之久,深秋时节,寒意迫人,她敲门至凌晨方拖着疲倦的身躯离开。

有人会一言不合就把刚刚追到手的女生扔在路边,从此不接对方电话,不回对方短信,仿佛已经自这个世界消失。

以上事迹说起来都有令人发指的感觉,如果不是因为发生在我身边,我会坚决认为它们只应该待在无聊电视剧里发酵,以昏昏欲睡的夜晚来掩饰其荒谬不真实。这些并非故事的故事里,都有一个主角,其身上从"爱"这一环节上来说是多么缺失,或者,即使没有"爱"之一物的存在,也应该有基本的、对他人的尊重与同情,

然而,他们似乎的的确确丧失了这种能力。

堂娜还有首歌叫做《自由》,歌词是这么写的:我曾经那么自由,我曾经为自己活得那么洒脱,直到遇见你,遇见你,才明白是我为自己上了个锁……

也许每个人有生之年,都难免碰上个把"移情基因"早就突变的家伙。你会为此痛不欲生,为此迷惑不解,怎么也不相信自己这么痴情这么认真为何还换得如此不堪对待。越想越不值,越不值越要争取,于是困在其中解脱不得。我对此唯一的奉劝是——别想了,不会爱是先天的缺陷加后天的糟践而导致的无可救药的后果,遇上了无法移情的人,你一定要尽快让自己别恋——两个意思,别再恋此人,找别个儿恋。

TIPS

移情能力(empathy)

　　指设身处地理解他人感受的一种能力,作为一种心理品质,它对形成良好的人际关系和道德品质,保持心理健康,乃至走向成功都有着重要作用。近年来更多被翻译为共情或同理心,以与源自精神分析学说的"移情"(transference)有所区别。

爱情 VS 免疫

生命中那些最最惊心动魄、
天雷勾动地火的情感，总不能近身。

1926 年 5 月，她给他的信笺中写的是，你发现了吗，我是在零星地把自己给你？

1926 年 8 月，她还写道，莱纳，我了解你，就像了解我自己。我愈远地离开自己，便愈深地潜入自己。我不活在自己体内——而是在自己的体外。我不活在自己的唇上，吻了我的人将失去我。

以上，是俄国诗人茨维塔耶娃在和帕斯捷尔纳克以及里尔克的通信中写下的两小段话，选自 1999 年版《三诗人信简》。需要解释一下，该段堪称奇异的两两通信在形式上保持完整的时间，其实只维持了一年左右，不久便以里尔克退出宣告结束。之所以提起这个，是因为曾经的高段位文艺女青年、如今已半堕入娱乐圈的戴安小姐几日来走火入魔，每天要读它个几十页，然后网上缠着我聊三个多小时。

撷取聊天记录如下：

戴安说，我明白这感觉，电光火石的刹那，人群里跳出来一个，不仅仅似曾相识而已，简直如同为你而生，你有过吗？

唐纳薇说，有啊有啊。

戴安说，你与他，只消说一句话，得到只言片语的回应，心花就

怒放起来,一切感觉都变得通透。

唐纳薇说,嗯,他其实也一样在乎你,感同身受,甚至不用言语。

戴安说,可是你们无法真正靠近,一旦靠近,就有可能露出凌厉,彼此赤裸裸地开始冲突与伤害。

唐纳薇说,所以里尔克不要见到茨维塔耶娃,而茨维塔耶娃与帕斯捷尔纳克即使最终见面了,也未见得愉快。

戴安说,如此强烈相吸却又无法面对,到底是怎么一回事?古往今来,最为动容的爱为什么都要以分离告终?你能否给我一个科学上的解释?

好,打住,真正有待解决的问题出现了。戴安的半认真半调侃,瞬间就让我想到了一个绝妙譬喻——曾看到过有好事者将人的爱情对象选择过程和人体 T 细胞的成熟过程作类比,认为两者乃相当具有共通之处。这种 T 细胞是通过漫长演化而来的人体免疫系统中的细胞免疫主体,它在骨髓中发育,进一步成熟却要到**胸腺**中才能完成,而进入胸腺之后首要面临的就是一种称为阳性选择的筛选机制,即和表面带有 MHC I 或 MHC II 的基质细胞进行随机结合(关于 MHC 的解释,倘若你已经不记得,可以翻回前面《辨味》一文温习一下)。这当中,只有保持在适度范围内的结合才能够得到正常的、能够继续发育的 T 细胞。也就是说,非但那些不能跟 MHC 结合的细胞会发生凋亡,那些和 MHC 结合太强的细胞也会发生凋亡。

就好比，初次见面时，只有适度好感的男女才有长久发展下去的可能，而来电汹汹的男女和不来电的男女一样，都难以真正走下去。缘何如此？不妨认为，爱情是一种高风险行为，虽说它演化出来以后促成了双方共同抚养后代的配偶制度，但过度沉湎也有可能造成不事稼穑，进而社会生产力下降的严重后果。所以，自有一套无彤的社会免疫系统参与其中调节，或以某套规范、或以各种障碍，来规避不甚和谐引来损耗的状况。

须得承认，这是智慧的胜利，也是胜利的智慧。只苦了我们广袤大地上的诗人们，无论于人于己，于同类于异类，他们那强大吸引力因为敌不过免疫机制，最终都要枯朽。造成只能是一段远之又远的心灵焦灼，永不安宁。

TIPS

胸腺（thymus）

　　机体的重要淋巴器官，位于胸腔前纵隔，会分泌胸腺激素及激素类物质，功能与免疫紧密相关。

Eyes on me

你看着我的一刻，一切就
已经注定了：你是绑匪，我是人质。

1973 年 8 月 23 日，瑞典，斯德哥尔摩正值北半球夏季，仿似电影《失眠》中的可怕日照，悠长无度，令人陷入一种莫名的焦躁。两名前科犯，杨·艾瑞克·奥尔森(Jan Erik Olsson)、克拉克·奥勒夫松(Clark Olofsson)，蓄谋已久，前去抢劫一家全市最大的银行。按照常理，警察亦迅速包围过来。两人只好在慌乱中挟持了四位银行职员，以此来与警方相峙，然而一百三十个小时后，他们突然放弃，宣称束手就范。

这本是发生在西方资本主义世界无足轻重的一个警匪故事，既缺乏子弹横飞的枪战场面，又不见舍身救美的孤胆英雄，然而它却因为出现戏剧性转机而被隆重载入史册。数月后，法庭开审，四名被劫持的职员，拒绝当庭指控两名绑匪，甚而为他们筹集资金作为请辩护律师的费用，同时对警察充满敌意。还有一名女职员爱上了其中的奥勒夫松，在其服刑期间跑去与其订婚。

人这么奇怪的动物，从来就喜欢对怪谈与传说身体力行，原也不在乎多这么一桩。只不过从此之后，这种人质爱上绑匪的状况有了一个名词来描述：斯德哥尔摩综合征。因着它产生的爱情通常可以惊天地泣鬼神，吕克贝松的《地下铁》和阿莫多瓦的《捆着我绑着我》就该话题作了最佳演绎。有心理学家分析了这种"征"产生的几大条件,包括以下四点:人质真正感到了威胁,被隔离,逃跑无望,同时受到了绑匪的一些恩惠。

这是绝望中的人,不得已把捅自己下河的竹竿当作了救命稻草,抓住即能不溺。

但美国人詹姆斯·莱尔德(James D. Laird)在 20 世纪 80 年代末的研究,也许指出了造成这种境况的更深入解释,他的立足点是:凝视。女职员和奥勒夫松,即人质和绑匪之间建立信任,乃通过寻常普通的方式达到——一般来说,敢于迎着对方的眼睛坦然注视,特别在紧张对峙的情形下,就好似产生了一种互不设防的默契,也许瞬间就能催生出坚不可摧的感情。

想想生活中,那些眼睛里闪烁着善良的人们,的确能够给予我们更多想去与之亲近的决心。而一次浪漫邂逅,往往与触电般的目光对接相关。还有,那些躲在角落偷看的暗恋者,偶尔得到梦中人一次注视,便如拥有了整个世界。

Darling, so there you are/With that look on your face/As if you are never hurt/As if you are never down... 这熟悉的歌,不止在游戏里出现过。

Eyes on me 的无尽魔力,从罗伯特·爱泼斯坦(Robert Epstein)在加州大学圣迭戈分校做的一系列实验中可见一斑:八个互不相识的学生,两两分组,要求他们互相专注相看。两分钟之

后,他们对对方的爱、喜欢、亲密感三个度量的打分依次平均增加了 7％、11％和 45％,这个结果充分说明了眼神接触对于人和人之间建立信任关系的重要性。

而换到反面来,倘若原本相爱的人,沦落到眼神无交流,就差不多意味着感情难以延续。比如,我不记得自己上一次决定结束恋情时的具体情形,但记忆深刻的一点是,不想再看他,一眼也不想看,爱和信任是同一时间死去的。

当然我们也会无数次事后自责,为什么当初会爱上一个目光善良的坏蛋? 嗯,我觉得这是个最最有趣的问题,思忖的过程中那些发生过的 eyes on me,也纷纷在这一刻做了一次回访。所谓目光善良,是错觉,还是那一刻的真实而已? 若你认为是前者,就只好为自己的 IQ 减个分;若你认为是后者,且为自己的 EQ 加点分吧。不知道你是否也如我一般,此刻心怀感激。

上善若泪水

在不安宁的狗血的世界，
偶尔哭一场，再继续上路。

　　还记得看法国女哲学家、**罗兰·巴特**的学生尚塔尔·托马
(Chantal Thomas)的《被遮蔽的痛苦》一书，书中讲毕加索有多么
残酷，举例是那幅著名画作《哭泣的女人》。众所周知，画的主角是
一位和毕氏维持了九年情人关系的多拉·马尔。她在里面被表现
得异常丑陋，毫无女性美可言，脸庞极端的扭曲和变形中渗透着怨
恨和无尽的哀伤。而面对这个被自己伤害的女人的悲伤崩溃，艺
术家用一种完全置身事外的视角把痛苦剥离出来，让它们成为线
条和色块。

　　我见过在大街上嚎啕失声的女子，也见过在酒吧里独自潸然
的她们，各种场合，各种情形，那些流出过或未流出过的泪，铭记了
一场场撕心裂肺的感情。关于"爱"之一字，我有过无数论断，但毫
无疑问，每一个都和覆灭感有关。爱情发生的时候，当事者永远是
渺小的，脆弱得不堪一击，而女性的性格特质注定了她们更多承担
这一角色。想要逃离此种命运，路程乃非常艰难，因为，无论多少
险阻，没有人会和你同行。

　　还记得当年读垮掉派的经典名著《在路上》，觉得里面唯一有
道理的一句话是：这个世界永远得不到安宁，除非男人跪在他们的

21

女人面前请求原谅。

　　一场痛哭流涕的发生,意味着某些美好和信念刚刚遭到摧毁,是失望绝望无望最直接的情绪表达与倾诉。虽说哭泣之后,能让人得到暂时的平静,但明天或下一站,依然有伤痕累累的现实境遇避无可避,则"哭"到底何为? 它对人类的意义何在? 这也算得上是一个值得探讨的大问题。2008 年美国南佛罗里达大学心理学家乔纳森·罗滕伯格(Jonathan Rottenberg)和劳伦·拜尔斯马(Lauren M. Bylsma)通过大型样本采集,来考察哭泣行为对人有没有好处。这个研究比起此前很多同类研究来说,独到之处在于它没有使用实验室样本,所涉及的哭泣皆自然发生,避免了实验设计带来的种种引导性偏差。他们发现在 3000 人次的哭泣事件中,声泪俱下一番能否起到改善情绪的作用,是因时因地因人而异的。调查中,1/3 无助于好转,1/10 表现更糟。这种不同的造成,可以参考的一个解释如下:人在哭时,有两类生理现象分别能够起到正反两面的调控情绪的作用,比如呼吸变缓可促进平静到来,而心跳加速以及出汗又不利于保持平静,则真正的效果如何,要看谁消谁长。

　　2009 年以色列特拉维夫大学演化生物学家奥伦·哈森(Oren Hasson)在《演化心理学》(*Evolutionary Psychology*)期刊上撰写综述指出,哭作为一种高度演化的灵长类行为策略,确有其不可磨灭之社会功用:诸如社交中能够很好地润滑,改变敌对或对峙双方的气氛；而在和亲人爱人的相处中，能通过这种流露和坦诚把个体与个体紧紧地联接起来，营造一种更进一层的融合。

只不过对个人而言，它亦是需要付出一定代价去实现的作为。女性在哭泣之后，经常感到羞耻和虚弱，需要较长时间来恢复，这时候最好的补偿是拥抱或安慰的言语。

一篇2011年初发表在《科学》(Science)上的文章则认为，女性泪水中的某种化学物质会起到抑制雄性睾丸激素的作用。来自以色列威兹曼研究院的神经科学家诺姆·索贝尔(Noam Sobel)领导了这一课题，他们通过两个实验得到了两个耐人寻味的结论：第一是哭泣的一张脸的确会降低女人对男人的性吸引力；第二是尽管女人的泪水会抑制男人的性唤起，但他们的同情或说移情并未因此提高太多。

这是否意味着，哭泣更多是雌性的信号，但无助于敦促雄性去解决引起悲伤的问题？

无论如何，哭泣依然是美丽的天性，只属于女人。唐纳薇表面被人认为是冷感低温无心无肺族类，但私下里却从不避讳哭泣。一草一木皆可成为哭的理由，一词一句都曾催生悲悯，至于那些失败磨难的情爱也基本上借由一恸泯恩仇。某些时候，生活确确实实涂满了狗血色彩，离谱得叫人发狂。接受一些，拒绝一些，评判留在心底，而往事且让它们随眼泪而去。

爱与性
的实验报告

TIPS

罗兰·巴特(Roland Barthes)

　　1915—1980,法国文学批评家、文学家、社会学家、哲学家和符号学家。其著作对于后现代主义思想发展有很大影响,影响包括结构主义、符号学、存在主义、马克斯主义与后结构主义。

练爱

当女人下定决心和自己的生物性对抗时，
要做好这样的准备：她必须优秀——优秀到能够承受最不济的后果。

2014年夏天，周迅周公子的婚讯传来，全网络手掌都要拍红似地叫好。

这些年来，很无可辩驳的一个客观状况就是，回回恋爱，周公子都获得了来自各方面的同情分，正面形象一直屹立不倒，被狠追被热宠时是修成正果，被欺骗被放弃时是遇人不淑，爱她乃天经地义，而舍她则千刀万剐。总而言之，幸运到她这样的人我们很难得见第二个，全是那张我见犹怜的小脸蛋作怪。

铅字历历在目，找着竿子就能往上爬的娱记如是写道：她"每一次都全心投入，当作最后一次来对待"。要看到，当今时代的宽容度正在变得越来越大，一个情史丰富的女人，不再被冠以"水性杨花"这种定语，却将赢得"至情至性"的喝彩。

是的，倘若世上有真爱一物，便付出千百次失败也是要去追寻的。这个道理，周迅算不得此中前辈，早在高中年代巳由赤名莉香教授于我。

想起自己看《李米的猜想》时，也曾流下激动不已的泪水，半夜里给人发短信说"好难过啊，也许，最初的情感方能纯真如斯"。那部片子难得地受到了身边一众文艺女青年的追捧，这和它倡导一

种既然爱就必须去等待的态度密不可分。

可是我的母亲大人会被这个"你们这种拧巴的人才会想出来"的态度激怒,她实打实地告诉我,闺女,年龄不饶人,倘若你还想生个健康的宝宝,趁早给它物色个爸来得要紧。其他的,都是废话。

基因的记忆,瞬间被这句警言唤醒。

我们在旧石器晚期,也曾流行过母系氏族制,大家绕着老祖母,只知有母,不知有父。女人养殖的禽畜、种植的稻谷够众人吃,编织的衣衫够众人穿,而男人留在外围,搞搞狩猎、捕鱼、防御野兽就行,看上去十分和乐美好。却不知哪一天起,要变成相对固定的结伴生活关系,格局由此被打破——演化生物学家会告诉你,这样的方式,对于后代茁壮成长好处多多。因当时生活条件低下,幼体成活率不高,男性只有在确知一个幼体是自己基因携带者之后,才会愿意付出更多的努力、冒更大的险去保护它,否则,一大堆小崽子,分也分不清谁是谁的,其中未必有我的种,去操那个心作甚?

原谅科学人士无趣的脑袋,用自以为正确的逻辑在试图纠正"真爱"的假象:只需要找到一个可以和你共同承担后代抚养任务的异性就行了,哪有那么麻烦?!在该逻辑成立的条件下,如果一个女人执着于寻找"下一个",那无啻和天性闹别扭了——你产生最佳后代的时机将在寻寻觅觅中蹉跎。有一个说法是,23～30岁女性的卵细胞质量是最好的,超过这个年龄上限就会增加畸变风险,而男性保证精子质量的年限相对宽泛得多。所以,你耗不起!

而被称为"练爱女王"需要付出的代价,除了错失好局,还有遇上孬种——有时候,至情至性在漫长磨砺中,可能只会遇上一轮又一轮登徒子。

如周公子般的好运,是练出来的结果,也是赌出来的,且问你敢试吗?

勇敢者 Lily

在小说里见到的冲动,在真实事件里
只会更为极致——女人,就是这么爱成为故事。

我们周遭,叫做 Lily 的女人永远好似生活中的危险分子,比叫 Anna 的还要危险三分。

她们多白皙美貌,生得一副沙漏身材,眉梢眼角数不尽春风熙日,走在大街上倾倒众生,一颦一笑都不乏注目者。对于其他女人,她们像史前生物那般非我族类,最好运到太空中销毁封存,方能保证广大星球球泰民安;而对于所有男人,她们是天堂来客,也是地狱使者,是冰也是火,是快乐也是痛苦,是美梦和噩梦的交集点。

Lily No.1,童年记忆里,楼下小伙伴的漂亮妈妈,从我一个小屁孩的理解出发,她带来了"离婚"这个概念的雏形。很多年之后,当年那些鸡犬不宁的争吵还历历在目。

Lily No.2,中学时代的学姐,嫁了我们风流倜傥的美术老师,但后来和一个老外去了北欧,从此杳无音讯。

Lily No.3,第一份任职遇见的女上司,但记得那时不到而立的她,已经是第三任夫君在侧。

……

比之列夫·托尔斯泰笔下的悲情 Anna,现代 Lily 们更自信,也更大胆地规划与享受着人生，该爱时爱，没有爱或没法爱时便走，一直发生着认真的婚外情，毫不拖泥带水。不可否认的一点是，她们真实得叫人肃然。即便世俗很难接受这样的高蹈者，咬牙切齿给了一个定义：红杏出墙。写到这里，我犹豫再三，要不要搬出弗洛伊德一个多世纪前的经典来提问：女人到底想要什么？很多当代心理学家百思不得其解的一点是，就伤害和风险而言，搞婚外情给女人造成的影响一定更大，但为什么还是有很多"她"前赴后继、乐此不疲？

文学作品对这个现象的描绘诠释已经太多，而现代科学也跃跃欲试，插进来一脚假装面无表情地解读，据称有若干与此相关的基因存在，简单的关联是：妈妈出墙过女儿也容易出墙，姐姐出墙过妹妹也容易出墙。2004 年，英国伦敦圣汤玛士医院的提姆斯·贝克特（Tim Spector）等人在一份叫做《双生子研究》（*Twin Research*）的期刊上发表文章，称倘若有一位出过墙的双胞胎姐妹，那么另一位出墙的概率是 44%，比平均概率 22% 高一倍。研究者认为，这当中涉及的绝不会是某个单一基因，那些和冒险有关的遗传因子也起了很大作用。

另一个解释交给了荷尔蒙，专家们相信体内雌二醇浓度较高的女人，更具有寻求"一系列机会主义式一夫一妻关系"的能力，而并不满足于露水情缘式的小点缀小花边。据美国得克萨斯大学2009 年发表的一项研究解释，**雌二醇**对外形的影响较为显著，此化

学物质水平高的个体往往长着美好胸部、细腰丰臀，也就是世俗大大认可的"美女"啦。这些容貌与身材出众的女性，择偶标准本来就高，对现任伴侣的忠诚度则相对低，如果有机会选择更好的，她们会毫不犹豫地改投他人怀抱。

听上去是不是很寒，也很爽？！

在现实中，同样是面对正式关系之外的情感诱惑，男女两性的反应和理解会大相径庭。加拿大蒙特利尔麦吉尔大学心理学家约翰·莱顿（John E. Lydon）博士等人曾设计了一个724人参与的实验，他们先是安排一些有吸引力的异性去和实验对象调情，观察对象的反应，然后检查这些人对现任恋人在态度上有没有出现什么变化。结果发现，就被挑逗效果而言，接受诱惑的男性百分比显然比女性百分比更高；但就态度而言，女性发生变化的可能性更大，换而言之，她们更多起了异心。而不少男性会有一个潜意识在那里，他们不希望对现有的情感状态造成威胁。没错，他们的确有些贪得无厌。

嗯，事实无非如此。倘若这是场勇敢者竞技，能坚持到底的，确乎更多只有那些愿无视一切阻力去绚烂盛开的 Lily，所谓灿至无归。

TIPS

雌二醇（Estradiol）

　　卵巢分泌的类固醇激素,是主要的雌性激素,负责调节女性特征、附属性器官的成熟和月经－排卵周期,促进乳腺导管系统的产生。雌二醇不仅对生殖和性功能有重要作用,也影响一些其他器官(例如骨骼)。

了不起的欲望制造器

要知道,生活依然
大于大于大于浪漫。

夜空,铅华洗净,走进金宝街香车美女的空气里,长长呼出一口气。

这样一个初秋的晚上,约上两个文艺女青年密友,坐在百丽宫影院,一百四十二分钟,看一场 3D 版《了不起的盖茨比》,看十六年后莱昂纳多如何再度扮演一个情圣。整件事情,回想起来有点滑稽。

"莱昂纳多要让每个女人走出电影院的时候,都惆怅而沮丧。"朋友圈里 M 如是总结。

好像是这样,又好像不是这样。

须知如盖茨比一般完美而痴情的男人,不知道远赴仙女座星系、大小麦哲伦星系会不会抓到一个实物,反正银河系里是只会出现于虚拟的声光色中——三十岁之前没参透这个道理的女人,三十岁之后是很难以正常人状态活在本星上的。所以,倘若谁要因为这部电影而对现实生出不满,那显然嘛,心境仍未脱离少女。

不过这部分人的存在,却比盖茨比的存在要证据确凿得多。心理学研究早就注意到了文艺作品对于妇女们心思活络度的潜在影响。1991 年第 3 期《美国家庭疗法期刊》(*American Journal of Family Therapy*)上刊登了一篇标题为"生活只是一本浪漫小说吗？对于亲密关系和流行媒体的态度所带来的对婚姻关系的影响"的论文,心理治疗专家琼·夏皮洛(Joan Shapiro)和李·克格勒尔(Lee Kroeger),通过对 109 名已婚妇女被试作调查,比较她们对流行媒体中浪漫桥段的接受程度和自己感到的婚姻满意度,发现这些浪漫媒介的负面影响比较明显。他们亦指出,一些人对婚姻有不切合实际的幻想,很大程度上来自于看多了渲染爱情至上的文艺类作品。美国马里兰大学家庭治疗专业主任诺曼·爱泼斯坦(Norman Epstein)早在 1981 年就于同一期刊发表过相关研究,他指出,不切合实际的幻想对于问题婚姻关系的修复是个极大的障碍。

更有意思的一个研究是 2007 年马萨诸塞大学阿默斯特分校的比雅尼·霍姆斯(Bjarne Holmes)发表于电子期刊《交流季刊》(*Communication Quarterly*)上面的"寻找'唯一真爱':和浪漫有关的媒介以及浪漫宿命论的信念",这位仁兄的团队验证了两个假说:第一,喜欢看浪漫桥段的人更相信真爱宿命论;第二,男女差异,女人因为这些浪漫桥段而更相信所谓灵魂伴侣,而男人因此而更愿意努力追寻完美性爱,啧啧。

难怪**齐泽克**老师说,电影是终极变态的艺术,它不提供你的欲望所指,它只告诉你怎么去制造欲望。大致也便是如此了。

回到盖茨比上来,倘若从一个爱情小说的角度来审视,那的确

是以狗血平天下的路子,忍不住叫人哀叹为何写这种狗血的菲茨杰拉德成了后世膜拜的大师,而在我看来比他好看也有趣一些的亦舒阿姨只不过是个师太。唯一可以解释的是,正如"了不起的欲望制造器"这篇文章和那些拿钱了或没拿钱的影评文章的分野所在,菲茨杰拉德提供了可供学院派分析的文学样本而亦舒还没有,本文提供了可供分析的社会心理学研究而大多数影评没有。

TIPS

《了不起的盖茨比》(*The Great Gatsby*)

　　出版于 1925 年,是美国作家菲茨杰拉德的代表作。以 20 世纪 20 年代的纽约市及长岛为背景,故事主要讲述了年轻而神秘的百万富翁杰·盖茨比对黛西·布卡南不切实际的疯狂追求,被视为美国文学"爵士时代"的象征。2013 年,莱昂纳多·迪卡普里奥主演了同名影片。

齐泽克

　　斯洛文尼亚社会学家、哲学家与文化批判家,当前欧美最富盛名的后拉康镜像心理分析学学者,擅长分析电影,执导过纪录片《变态者电影指南》。

毋需知我如心

用力过猛的爱,也许更早
迎来那个意味着结束的阈值点。

　　对于一个年过三旬、说话做事依然不喜欢过脑子的女人来说,
有时候必须得非常小心才是。比如,周天早上出于一时兴起和怀
旧,在聊天工具上向一位高中同学打招呼,并例行地问候他夫人和
小孩子,就会收到这样的回答:哈,夫人,早就没了,我们年前离的
婚,孩子呀,唉,判给她了呢。然后,你就会半天讪讪地不知道用什
么来接话茬。因为,换做其他人倒也罢了,但这一对,可是高三时
就被列为全年级早恋批判对象的青梅竹马!

　　又比如长假期间,闲得去后海参加大学好友聚会,却发现多年
前的哥儿们色迷迷地看着你说些不三不四的话。正想发作,捡个
碟子砸他的脑袋或其他部件那当儿,旁边姐儿们却拉拉你袖子,在
耳边轻轻说,饶了他吧,刚刚和太太办了分居,属于不大有控制力
的空窗期。于是你只能硬生生收回叱责,把嘴巴圈成了 O 型,依稀
想起该名男子曾经一怒为红颜威震校园的往事。

　　OMG,为什么呀为什么,恰恰是那些当年美煞旁人的神仙眷
侣,最后往往没有圆成我们心目中地老天荒至死不渝的梦?

　　越来越不怎么样的成人生涯,累积起来的无数经验似乎都在

训诫我,生命中恨事居多,相爱者基本上无法相守这一真理亘古不变。至少,在统计学上,居高不下的现代离婚率为此提供了强有力的证据。究其原因,有人会告诉你,仅仅是因为太熟悉了,因此不得不变成陌生人才能各自保持完整。英国巴塞尔大学心理学家本杰明·谢伯翰(Benjamin Scheibehenne)和朱塔·玛塔(Jutta Mata)于 2010 年 10 月发表在《消费者心理学》(*Journal of Consumer Psychology*)的论文中写道,他们针对 38 对年轻伴侣(19~32 岁)和 20 对年长伴侣(62~78 岁)进行了调查,结果发现,那些不怎么关心对方特质习惯的人在一起反而长久。比如说,关系持续长达数十年之久的,更有可能是不管爱人食物喜好、电影口味甚至室内装修意见的那些;而那些对对方的兴趣如数家珍的男女,在一起开开心心的日子往往只能维持一两年。可见,知道得太多了的确不是好事,小心翼翼地维系每个关系细节,其实是很耗费元气的。

西班牙马德里孔普卢顿大学的经济分析学家何塞－曼纽尔·瑞(Jose Manuel Rey)曾基于一些社会学数据,建立了一个叫做"情感动力学"的模型,当中就两个人对这段关系的维护所付出的努力作出分析。如果在认识上一致的话,他们将执行一套"最优的动力政策",这样的关系愉快而长久;但如果其中任何一方出现降低努力程度(因为维持原状已经让自己不舒服)的企图的话,那么该项政策也会很快失效。这个研究给人启发最大的一点是,模型所用数据中声称自己和对方一定要长相厮守下去(也就是都用力过猛）的伴侣基本上是要掰的，而最成功的伴侣是实际努力和应该付出的努力之间存在一些"可容忍的间隙"那种。

现实中，见过比较稳固的情感，大多并非那种亲密无间的。曾经一个好友面对"你太太几月几号生日"这样的问题也要到手机里面去查，我对他的这桩表现私下嗤之以鼻了很久，然而上个月收到了他兴高采烈的电话"她给我生了个漂亮的女娃子"，得意感激之情，在电波里激荡回旋，听上去感天动地。好友之一，一个专门写纯爱小说的女作家，下周又要去尼泊尔了，结婚整整九年，她都坚持单独旅行，但这一点不妨碍她在博客上写：半夜3点，他冒出来嚷嚷肚子饿，我只好暂停进行到中段的码字，去下个鸡蛋挂面。这对贤伉俪住一套复式公寓，男人楼下，女人楼上，常年分治而居。

是的,但是……

要做成他人眼里的那个你,
一定的一定,需要演技超群,不是戏子的就别试了。

记得某一天,唐纳薇不再修剪的长发终于长到可以遮住半个屁股的程度,在当时的 BF 和她之间发生了一场深刻的对话。

前 BF:你热吗?

纳:帮帮忙,这都入冬了。

前 BF:唔,我的意思是,夏天你会很难受的。

纳:夏天呆在空调房,这还可以保暖呢,你又不是不知道我还比较怕冷。

前 BF:但是你不觉得它让你头重脚轻的?

纳:只要注意穿衣服的配色就不会那么严重。

前 BF:你个儿不算很高……

纳:没事,你高就行了,我有高跟鞋。

前 BF:你看人家马伊俐的短发多好。

纳:拜托,不要对外泄露你不好的品味,我没法像她那样面目寡淡,好像大街上的路人。

前 BF:你这样是比较特别……但是……

纳:你想想看,在本世纪,"特别"这种东西有多稀罕!

……

不知道古今中外发生过多少这种主题的对话,也不知道其中胜负比率如何,我所能确定的事实是,不管前 BF 对马伊俐式短发的痴迷有多严重,那个发型会让本人外表光彩照人度下降 66.7％的残酷是不容置疑的,而且我的毛发发质也会让此番尝试变成一场一天到晚求助美发师的 disaster——你必须清楚,把命运交给他们不科学!

"你不担心 BF 有一天真的见到了一个马伊俐那样的女子就移情别恋吗?"我也知道上述问题是许多爱我的人们迫切想追问和提醒的。

谢谢了,前后左右。虽然时过境迁,他已经变成了 ex,却并非因为那样一位女子的出现。

一段恋爱关系中的妥协与拒绝,很大程度与双方的性格特质以及兴趣爱好密切相关。因为能达到各方面高度融合的伴侣终究是少数,而像前 BF 这类有崎岖爱好的人全世界范围内也颇为可观。听到他那让人痛心的要求,我一点儿也不怀疑定会有温柔可人的女子二话不说便去剪发,也有将将一个耳刮子过去大喊"你小子想造反"的。而言及这两种反应的后果,只有当事人能全盘明了并承受。

"要不要听从对方喜好去改变自己的外观或行为",这样一个问题其实事关牺牲,每个人对此都可以有属于自己基于直觉、经验或理论的看法,其答案也绝不唯一。荷兰阿姆斯特丹自由大学的

弗兰西斯卡·瑞赫提（Francesca Righetti）等两位学者和美国西北大学的另一位学者在《心理科学》期刊上发表研究指出，愿不愿意为对方作牺牲取决于个体的自我控制程度。很显然，那些自我控制较强的人是不大愿意牺牲的，而意识较淡薄的人就更乐于牺牲。几位研究者得出了后者有益于增进关系的结论，听上去会让很多有控制欲的人非常开怀。但事实当真如此吗？亚利桑那大学的凯西·托滕哈根（Casey Totenhagen）发表在《社会和个体关系》（*Journal of Social and Personal Relationships*）期刊上的研究会更加考虑现实境况的复杂性，他们针对"演员效应"和"伴侣效应"作了不同情节设定下的考察，发现适当的牺牲的确有助于增进亲密和承诺，但倘若是在对方本就烦心琐事颇多的情况下，一直要求ta让步妥协，便会有损这段关系。此处，演员效应指的是自己的行为对自己产生的影响，伴侣效应指的是伴侣的行为对自己产生的影响。所以该研究认为牺牲只不过短期内能带来正面效应，但很可能并不长久。这并不难理解，大多数人的生活不都是由一堆恼人的鸡毛蒜皮组成的吗？

因此，基本上我们可以这么想，倘若你自认为是一个很好的演员，能够表演到让自己都相信自己乐在其中的话，就永远圣母或耶稣下去好了；倘若你明白自己没有那个天赋和演技，哪怕只是骗得了别人骗不到自己，都应该有所保留，保持你真实本来的意愿。

年岁啊，它是种忧伤

并非所有的姐弟恋都会如此，
但冥冥中一定会有不被祝福的理据。

开着 40 码的车在工体附近的路上盲目转，半个小时，一个小时，后窗渗进来的灯光已经被冻成一束一束，我忍不住一遍遍拨 Cycle 的号码，他接了两次。

"具体在哪里我也不知道，发给你的地址不会错，再找找吧。"

"也许是地址错了，你上网查一下吧，或者打 114？"

几个小时前他开完会出来，按照原先约定，说是要带我去家很有意思的小饭馆晚餐，结果还没碰上就被召回——手上在做的客户端项目出了纰漏，要赶去补救。Cycle 执意认为很快就能搞定，不准备取消碰面，让我先过去等。

可这个地方，比绿野仙踪里那座百转千回的城堡还要难找。

于是，唐纳薇一人，在入冬以来最冷的一个晚上，不知所措地在路上，观赏京城一座座高架桥，哈着车窗上的冷空气，和双子座流星雨对着话……见面已将近零点，饭馆当然打烊了，只能草草找了家不知名的茶馆。他走进来，满脸歉意，但疲惫的神态也让我明白此时不宜和他争辩任何朴素真理。

只是不得不慎重考虑和这个男人继续下去的可能了。

Cycle 在夏天一个朋友聚会上遇见我。记得那日，他让主人带

到面前来，说要隆重地认识一下谁竟敢穿那么跳跶的一抹绿，然而定在那里却半晌也不知开场白该怎么讲，只微红着脸相看。那怯怯真诚，瞬间让人悸动。我们有 7.63 岁的差距，当然，他小我大。真实情况让莫扉和戴安一众都齐齐摇头，勒令我想清楚再来。但我告诉她们心意已决。很久没有被爱了，而能够被爱，是人世间最最重要的事情。

重新像 20 岁出头那样开始约会，过完了夏天是秋天，过完了秋天是冬天。

然而古往今来，爱上小男人的大女人之中，快乐的着实不多，像是好莱坞大明星米歇尔·菲佛就演过一大把这种悲情角色。几乎一夜之间，我发现这命运笼罩在了自己头顶，魔咒摆脱不得。认真说起来，Cycle 也没有什么可指摘之处，但我们的阅历、交际、关注、判断，完全是两个维度，彼此之间的不和谐度随着气温下降而急剧上升。你可以想象，类似开头这种情况，只是 n 次不着调的约会之一。

很多统计显示，在女性地位不断提高的今天，她们的择偶倾向中，对方经济和社会身份起到的决定性作用正在下降，不少女人也勇敢地选择了小丈夫。据 BBC 在 20 世纪末的一则新闻报道称，这种情况占人群中的比率超过了 1/4。但现实中，隐患也颇为不少。记得一个在丹麦做的大型调查追踪了 200 万人的婚姻和寿命状况，揭示出的真相，值得每个像唐纳薇这样陷入不适龄恋情的女人去深思——嫁给比自己大很多的男人不利于女人长寿，而嫁给比自己年轻的男人，则更是对寿命的一种损害。统计显示：如果丈夫比妻子年轻 7~9 岁的话，女方的死亡率比和同龄人结婚的女性要高 2 个百分点，因为她们承受了更大的精神压力。

7.63 正在 7~9 这个区间之中，它揭示了一种困境，那是用多大的力量也无法抹去的。

爱是个好东西

治愈系的故事,也是有深刻原因的。

"你且说说看,为什么你们情感专家都要失恋? 有的还是经常?"

我俏狭的女朋友经常这样调侃我,阳光晴好,得闲的下午在街角书吧里偶尔碰个面,她们就会趁机习难。

以前我一般这样回答:"这不奇怪呀,就像人体的血液输送泵,心脏也会因为血液供应不足而出现衰竭,它能工作的前提是给自己供血的冠状动脉不要出问题才行。"

然后我们会就冠状动脉本身的工作原理再探讨一番。

但是最近,我换了一个说辞:"这不奇怪呀,就像往电网送电的核电站本身,也会因为断电导致冷却系统无法工作,再加上后备的柴油发动机被海啸报销了,最后就自己烧起来。弄不好还会爆一爆,后果很严重。"

能付出的前提首先是有供给,世间事物,概莫如此。

即便口称能够破解任何爱之疑问和假相,对"情"之一字芯核乃至看到了量子状态,唐纳薇也在这一生大大小小的情爱纠葛里,被蛊惑,被颠覆,被裹挟,获得无数挫败。回过头来你若问我怎么看"爱",我还是要说,它给予我甚多,价值堪比每日要吃的 6 克盐。

45

爱与性
的实验报告

Btw,6克是推荐服用量,多吃无益。

你我曾听到过无数在惊天灾变中最终是爱的力量鼓励人活下去的故事,你我也曾在面临生活工作中最大困境之时,第一个便想到去求助爱的安慰,并因此而获得无穷信念,甚至也许延续下去成就了一番伟业。

它的魔力,甚至大到能够止痛。

来自在线同行评议期刊《公共科学图书馆—综合卷》(*PLOS One*)上的一个研究报告,作者是斯坦福大学疼痛管理中心的医学博士肖思·麦基(Sean Mackey)等人,说到了爱的这一神奇效用。实验招募来 15 名在校大学生,让他们手握一个慢慢被加热的物体,显然,被试们会在其温度逐渐上升的过程中感到疼痛,但被要求不到实在无法忍受都不要放开。他们在期间还要做的一件事情是观看照片,当中分别是一位熟人的面孔和热恋对象的面孔,与此同时要做的一件事是对被试们的大脑进行**功能性核磁共振成像**扫描,记录下这一期间的大脑活动状况,记录在某种程度上能够显示感受到的主观疼痛及应对。

另外一个平行对照则是让他们分散注意力,比如要求回答一些需要动脑子的问题,如什么运动不涉及使用球类,等等。这个对照实验的目的是为了区分不同行动方式的不同意义,即看照片起到的不仅仅是分散注意力的作用。

实验结果显示,就缓解疼痛的程度而言,看着爱人那迷人的脸和回答脑筋急转弯问题一样,都会适当地让握着"烫手山芋"的被试们放松一点点,但二者作用途径不同。前一种方式作用于大脑的奖励中心,原理犹如吸毒或获得百万大奖之际会忘却其余一应痛苦;而后者作用于认知通道,同时抑制产生疼痛感的大脑皮层。

早些时候,《神经生理学》(*Journal of Neurophysiology*)有文章明确揭示,爱情活动涉及大脑中掌管动机、奖惩和成瘾的各个区域。

遥想一个场景,唐纳薇有天被困在了百米深井之下,手机还有电,却已经无信号。也不知救援的探测器能不能探到生命迹象,能探到会是几时……那时候我唯一的幸运将是,手机中尚保留了一张爱过的人的照片。

TIPS

功能性核磁共振成像(fMRI,functional magnetic resonance imaging)

一种新兴的神经影像学方式,其原理是利用磁振造影来测量神经元活动所引发之血液动力的改变。由于 fMRI 的非侵入性、无辐射暴露问题等优点,从 20 世纪 90 年代至今,一直在脑部功能定位领域占有重要的一席之地。

Chapter

II

解析·性

　　毋庸置疑,还有很多夫妻准备收养与他们没有任何血缘关系的孩子,另外一些人更愿意过没有孩子的生活。而且,城市里也有很多同性恋,他们当中很少有人有孩子,大部分人过着没有孩子的生活,也有很多人搞婚外恋。以上都是实情,但在思考这些社会现象时,我们应该首先明确一些问题,所有这些都可以纳入人类性行为的发展问题。首先,演化是一个缓慢的过程,人类的基因永远不可能完全适应千变万化的环境。其次,与性行为相关的驱动力会持续地对人类产生影响,即使基因无法传给下一代。最后,在这个充斥着婚外情、高离婚率的现代社会,你仍会惊奇地发现,这些现象对亲子关系的影响非常渺小。

　　——神经科学家戴维·林登《演化的大脑:赋予我们爱情、记忆和美梦》

所以说你敢用手机发艳照吗?

贞女我所欲也,
荡妇亦我所欲也。

　　唐纳薇第一次听说 sext 这个词,本能地觉得一定和 sex 有关,然后词霸之,发现意思是"祷告",其源自拉丁文里面的 sexta hora,表示第六时祷告仪式。立刻羞愧难当,暗暗反省自己那啥者见啥了。再一次看到这个词就见到它屁股上加了 ing 形式,却是一则美国新闻,讲如今青少年当中 sexting 的现象堪忧。

　　此处的 sexting,指的是在网络社交平台上、主要借助于手机来传送有性意味的信息或图片。不久前由印第安纳大学医学院的临床心理学博士艾丽森·迪尔(Allyson Dir)完成的一项在年轻群体(平均年龄 21 岁)展开的调查显示,80％的调查对象反映自己收到过 sexting 信息,67％承认自己发过 sexting 信息,而在这当中,收到图片的是 64％,发过图片的是 46％,可见该现象存在范围已相当之广、见怪不怪了。这篇发表在《赛博心理、行为和社交网络》期刊的论文指出,对 sexting 行为,人们有着正反两面的态度:积极一方认为这样做的人比较自信,也因此显得更性感,甚至不乏为一种好的调情方式;消极一方则认为它给旁人带来了困扰,挺讨厌的。

　　迪尔博士研究的着眼点之一,在于搞清楚该行为对草率性行为现象的影响。显然嘛,正相关,所以她认为这其实有着一定的危

险性，毕竟她的调查对象都是些涉世未深的青年男女。

也必须认识到，这绝对是通讯工具带来的生活改变之一，智能手机的出现，更推波助澜不小。据美国调查机构 Pew Internet & American Life Project 的统计，2012 年，普通手机用户只有 9％收到过 sexting 信息，而智能手机用户有 21％收到过。

相对女性来说，男性对 sexting 的态度比较宽容，甚至是欢迎。研究者们认为，这某种程度上体现了社会对女性在性行为方面的双重标准。对，你不管做贞女还是荡妇都有风险。而像 askmen. com 这种男性网站则会兴致勃勃地给出正确使用 sexting 的十项建议，其中有一项我认为很重要——自拍的时候，别拍脸。

你永远不知道手机那端的是一个人还是一个人渣。

接下去，唐纳薇要说一个故事，在开讲之前，首先得发誓绝对不是想说一个励志的故事，其次得承认它真的很励志。

若干年前，我的好朋友圈子里有一位帅哥，其身份是职业演员。在我看来，肯定不会比赵又廷长得差，并且还帅出了一大截。不过他运气一般，始终没有红起来，就不时演个电视剧配角或电视广告之类的。然后我的另一位音乐教师女朋友心仪于他，这位女朋友虽是个温柔可爱的妹子，可和演员帅哥周围那些"妖精"一样的女演员比起来，实在哪部分都可以忽略。所以自打知道她的心意以后，其他人都为此捏着一把汗。

帅哥在几年间换了几任女友，都是天使脸魔鬼身的非著名女演员。他也知道音乐教师妹子的心意,乐得享受,所以无妨暧昧着,但从没有实质性的作为。

　　我要讲到这个故事最最关键的一个环节了,感谢彩信技术先于微博微信的早早出现,那些年里,妹子一直在坚持做的事情就是花巨额的手机费,每天给帅哥发自己的照片。我有幸瞥见一次,吓得差点摔了手中的杯子,因为尺度之大是你们无法想象的。最后……他们在一起了,不久前还用微信给我发来刚出生的小女儿的照片。

右脑爱，左脑不爱

一个看偶像剧的大脑和一个看 AV 的大脑，
到底有何本质性的差异？

这个叫做 YY——XY 的 Y，而非丫头的丫——的女人会和我成为至交，完全属于宇宙中无数非理性所能解释的微概率事件之一。五年来，根据我的总结，她除了漂亮以外，基本特点如下：视科学为粪土、视艺术为笑料、视精神为扯淡。

但，你们千万不要以为 YY 是个没有内容、只能作为摆设品而存在的充气芭比娃娃。她真实身份为编剧，高峰时间每天要码一万多个方块字，然后憧憬着它们一步步变成 Prada 的某件上市新品。所以，她总是很屌地一遍遍提醒或者挑衅我："本人绝不会有时间看你买的什么海德格尔或者费因曼传记，因为那不会在两个小时后成为我用来换钱的素材。"

YY 从来只写发生于海边酒店或欧陆旅途中的爱情偶像剧，洁白的台布和窗帘，满天星星，诸如此类，为那些情景和对话设置而愁肠百结、呕尽最后一滴心血。如半夜里突然没了灵感，就一定电话打到我家中来，铃声清脆，响彻卧室。

"你说导演怎么就这么烦呢，规定我在××集以前不能让男女主人公 kiss，然后××集以前不能 ML，集数又多，搞得我现在已经想不出来能写啥了。"然后她向我解释，这并非某一位导演的苛求，而是整个行业雷打不动的行规。"偶像剧和文艺电影最大的差别就是,它的观众绝不是为了看到 sex 而看剧情的,他们想要看到的,是 love。"

这个说法再一次更新了我的认知体系,睡意立刻被丢到了床底下。

"很明显,我也知道两者确实无法等同,"YY 继续说下去,"问题是,我不明白 sex 和 love 在观众的心理方面到底产生了什么不同的反应。"

回答这个问题倒无须我做过多思考:"很简单,对于一个人来说,爱主要是一种发生于右大脑半球的活动,而性更倾向于用左大脑半球控制。"

通常来说,左脑擅长分析,掌管语言;而右脑形象思维力和创造性更强,和情感、热爱、着迷有关的行为,大都受右脑控制。曾有资料记载,有位美食家先前对吃一窍不通,直到右**额叶**意外受损后,才开始兴趣大变,疯狂地研究起了各种食品。

在功能核磁共振成像的帮助下,科学家分析过那些热恋中男女的脑部活动,发现右边灿烂而欢快地闪耀着,说明正在激烈地神经放电,血液流动也在急速进行。但要是只不过单纯被外表吸引从而有了一些性冲动的话,大脑的活跃部分是在左边。记得有个很有创意的女心理学家、来自普林斯顿大学的苏珊·菲斯克(Susan Fiske)曾招募一批男性志愿者观看比基尼艳照,结果很讽

刺——他们平常使用工具时会用到的一些左边脑区会做出响应，而右边的移情部分全部关闭，好似看到了一件可以用来"用"的事物一般。而且，这种响应的强弱程度和他们的性别歧视倾向还有关。

"按照你的意思，我写的剧本，使命是只能引起右边大脑活动，对吗？"

说实话，如果YY还希望每个月能去精品店、高档餐馆随便刷卡的话，我相信她暂时没有更好的选择，必须坚持不懈地以愉悦大众右大脑半球为人生目标。唯一可能出现的转机是，"有那么一天，拍AV的导演来约你谈本子"。

但我绝对不会鼓励她。

"有一件事情可以证明你目前的工作比AV有意义，"我说，"你知道吗，爱这玩意儿，在监测屏幕上是一种强烈到让人惊讶的脑电波，和它比起来，性引起的那点小火花根本微不足道。"所以，古往今来，爱成就了各种各样的杀人放火以及自杀。这一切，皆因强烈过度势必导致疯狂。

TIPS

额叶

脊椎动物脑的一部分，位于脑的前半部。在人类大脑当中，这是最大的一部分"叶"，和语言的形成、语言表达、自主意识以及随意肌的控制有关。而有些动物的脑几乎不存在额叶。

小意外

女人是最不切实际的动物吗？
不,答案可能恰恰相反。

有一次,在高邮路的泰式酒吧"花马大堂",Beast 喝高了,就忍不住给我们透露了一段难忘的经历。大约在半年前,这位老兄随老板参与了一次商业谈判,方式很有趣——在大型游轮上进行,直接开到公海,兜了大约半个月。

Beast 是双鱼座的(抱歉我又要开始抖搂自己乏善可陈的星座知识,并且不小心偏离了科学思维的正轨),照说应该是水样不可触摸和神秘且有自制力(没错,所有的星座书都是这么附会的,你就将就着听听吧)。短短十来天谈判时间,原是用来和大海亲近、涤荡心灵、感受神明召唤的。"我不希望有任何事情发生,"直到今日,他还在用发誓的语气向我们陈述这个没法考证的心愿,"我已经很老了,也已经很疲惫了。"他说这些话时,表情非常无辜,我勉强地相信了一下。

可不幸地,如大家想象的那样,无辜的男主角在享受清净旅程过半时鬼使神差地遇见了一位发牌女郎,然后一个不慎,通过某几种荷尔蒙的通力作用,发酵出了一夜温存。

"绝对是个美女,难得地知书达理,不是轻薄女子,简直让我惊喜。"

第二日清晨醒来,佳人已悄然离去。Beast 独个儿恍惚而又甜蜜地来到了甲板上,吹了十分钟的海风之后终于理清楚了思路,遂去餐厅寻觅。然而可怕的是,当他找到了目标并且满脸笑容迎上前,以为会得到延续自昨夜浪漫的回应,对面走来的发牌女郎却像款著名日本产仿真人 Actroid DER 一般,面无表情从身边穿插而过。

接下来的整整一星期,她把他处理为空气成分之一,从来视而不见。

他开始是震惊,继而气恼,再则不解。于是好好的度假型公差变成了一场纠结,天天忍不住要去追逐那个身影,看她在做什么,看她和什么人说话,看她有没有半分注意自己。结果发现,"她对人基本上显得和善可亲,本职工作以外的行为相当规矩,未曾见与任何男人过从甚密"。直至靠岸那一天,他们没有再说过一句话,哪怕简单问候。

回到家中痛定思痛,Beast 把这当作了生平最大耻辱和谜团,觉得怎么也想不明白。关于一夜情,传统模式是得手的男人志得圆满,而女人则若有所失,有的还不定发展出死缠烂打。"你且说说,为什么我这个故事里,角色地位完全倒了过来?"

我向 Beast 指出了他认识上的一个误区。

不少人会想当然认为,女性天生死爱浪漫,经常把一夕风流当作是发展出一段轰轰烈烈乃至长久恋情的前奏,这和男性追求短暂刺激的目的相去甚远,这种差异导致了诸多坊间流传的苦情事件。在我看来,当年周慧敏的张姓情敌,估计就是这种苦情主角的当代较典型代表。而事实上,这些年来社会学家经过调查发现,大多数有过一夜情经验的女性并未曾抱着人们口中所谓不切合实际的幻想,她们头脑之所以发热,很可能和酒精还有来自对方的献媚有关,"突然间觉得被赞美了,受宠若惊"。而在事后,她们会立刻醒悟到"被利用了",懊恼之余倒也不再热了。据一项调查数据显示,90%以上的男性对一夜情经验"感觉良好",而女性中只有50%。

发牌女郎未必属于另外的50%,只不过,她也许是个自我保护意识特别强的姑娘,也许有过非常糟糕的经历,不希望类似情节重演而已。Beast由此生不逢时地成为了炮灰。

甚至更不济的情况是,有人可能生而携带一夜情基因。据纽约州立大学宾汉姆顿大学研究者贾斯汀·加西亚(Justin Garcia)推测,一种多巴胺受体基因DRD4与此关联非常大,他观察到携有相关变体的人,无论男女,发生一夜情的频率都明显高于平均水平,而他们甚至坦言"有一种无法自己"的冲动去这么做。面对此情此景,还真不好怎么评判。

没什么必要沮丧,愿赌服输吧,说不定那姑娘还在不停地骑驴找马。要知道,"我们女人的身体里,不仅有忠贞的基因,也有冒险的基因"。如果说雄性是为了最大化地传播后代而不断追逐,那么

雌性则完全可能为了得到最优的后代而不断地试。世界，就是这
么延续的。

Actroid DER

　　日本 Kokoro 公司研发的新一代机器人，外观为年轻美貌的女子，
形象逼真，主要用于展会或企业活动上。

离开那些高级动物，以最快的速度

糟糕的是，他们不是在用下半身思考。
出轨之后，面对可能要付出的代价，他们运用了太多的上半身。

晚上 10:47，崇文门外大街，一前一后，四只高跟鞋的声音清脆有致。

这是一场奇特的相遇——31 岁的唐纳藏在这种而立年纪，尚能有兴致被某靓丽女孩儿吸引，华灯中尾随她走过了几个街区，亦步亦趋，情形仿佛欧亨利的小说或安东尼奥尼的电影。不能不说，其中确有某些诡异成分。

"你不用再解释了，你什么都做不了，而且也不想做。"她的声音是脆利的中高音，但听上去并不刺耳，反倒和细瘦修长的背影非常搭，"每一次，都是用这种态度敷衍我，你喜欢玩这种不见光的游戏，但是我已经受不了了，知道吗？"

就在一分钟之内，我做好了决定——偷听下去。"不见光"三个字，透着故事。

"那天下那么大的雨，我回不了家，让你送伞过来，你口口声声说就过来就过来，结果呢，最后我是淋着雨回去的。你当时在做什么，电话都不敢接，是和她在一起，对吗？还有，你答应过一起去青海湖，去越南，去草原看牛羊，这么久了有兑现过一次吗？还有，你总是说要给你时间给你时间，我给了你多少时间了，有用吗？还有……"

　　不忍卒听的三角恋情节,更甚,是一个"小三"在绝望透顶的夜晚对着空气发出无助控诉——我不相信电波另一端有个男人真的在"听",即使有的话,他此刻更多在考虑的也是一笔投资如何做,股票要不要抛,恨不得这端的声音赶紧掐断。而她的情绪,就像海的女儿,最终会化成泡沫,过了今夜将无人记取。

　　红灯亮,女孩停下了脚步,开始啜泣,拿着手机的手在抖。我追了上去,从后面绕到前面,憋足最大勇气说了一句话:"姑娘,别再为这种人难过了,你在浪费自己。"

　　她睁大眼睛看着我,年轻明媚的脸上,写着惊诧。

　　"因为我曾经和你一样,遇到过这样不好的事情。但现在已经走出来了,而且丝毫没有留恋。你看我,好好的,不是吗?"

　　我们静静对视,红灯在倒计时,9,8,7,6,5,4……她摁了手机按钮,道了声"谢谢你",飘然地转身走了。

　　有一本书叫做《女人是比男人更高级的动物》,讲的都是婚外恋段子。这个标题很讨巧,被我的女朋友们广泛使用过,聊天中或是编剧本小说中。记得在某段时期,她们基本上都谈着不正常的恋爱,不是和有夫之妇,就是和有女友的男人。终于有一天,开始集体罢工了,一个个相继退出,丢盔弃甲,要多狼狈有多狼狈。

　　大家自嘲说,没办法,谁让我们遇上了比自己更低级的生物?

　　要说明一下,这些女人中相当一部分既有脸蛋也有脑袋。

　　可笑的是,我认为,这里其实出现了一个伪命题,即所谓高低

级之分。好吧,他们就是幼稚了一点,不成熟了一点,低级了一点……在这一误导之下,很多小三"死"得不明不白,一开始都以为遇见了不知道自己需要什么的小动物,母爱大发,义无反顾迎上去,真的很冤。

来自威斯康星─麦迪逊大学的心理学教授查尔斯·斯诺顿(Charles T. Snowdon)可以作证,一个男人和一个女人上床,他身上引发的绝对不是简简单单的性冲动,而是一套严密之极的思维判断过程。研究者在实验室中观察到,灵长类的雄性面对发情的雌性时,整个大脑都会参与进去,像是颞叶、扣带皮质、豆状核壳、海马、视前叶中区、小脑等部位都很兴奋,其中所涉及的不仅仅是和性活动有关的区域,也涵盖了做决定、记忆、感情上的处理以及控制认知等高级功能的区域。这个结果可说一举粉碎了"男人是下半身动物"的说法,至少也该是"上半身+下半身"动物。

所以,要明白婚外情冲动并不会影响男性的既有价值衡量体系,这部分人绝对不会在背叛原来的女人之后,不去动用他的分析能力,不去想离婚有多么麻烦——财产分割中的损失,和为此而承担的道德罪名。

永远记住,会为你而背叛别人的男人,也会为别人而背叛你。

不是冷笑话

对,这是一个严肃的问题:
钱与性,的确是挂钩的。

深夜欢聚,好久不见的朋友几个一边吃吃喝喝,一边玩起了真心话大冒险。戴安很不幸地输了第一轮骰子,于是需要迎接莫扉的提问。莫扉朝我们眨眨眼,坏笑着慢吞吞地说:"请如实招来,你第一次有**性高潮**是在何时何地? 和谁人?"众人皆忍俊不禁。

其实问题本身没有什么厉害的难度、尺度和角度,妙的是被问到的人。戴安从大学开始,就是一名传说中的**性冷淡**,交过一个篮球队的男朋友,基本上就是因为不配合而又太诚实,导致不欢而散。果然,她半张了嘴,有点不知所措,脸上先是些许僵硬,过了一会儿才松弛下来,迟疑地回答道:"半年前,在旅馆里,和一个现在已经不联系的客户。"

听上去十分猛料的样子,大家一下子 high 了,马上有人不顾不管地追问起了细节,戴安却扑哧一声笑了:"你们别想得那么复杂,我看上他是因为他很像我第一个男友,然后做的时候他不知怎么地提到,如果明年赚到一个亿,就买架飞机开,当时我突然一下子莫名其妙地很兴奋。"

其实在西方,一直有个关于女性性高潮的说法,也早在 20 世

纪初就经过了社会调查的证实,即伴侣的收入越高,女人获得性高潮的频率就越高。而中国近几年也开始了这个课题的研究。据来自网上的资料,著名性学家潘绥铭先生做过一项"都市贫富男人的性生活差异"专项调查,结论是赚钱多的男人不仅自己满意,也使得妻子的性高潮频率增加了。性生活满意程度,按照百分比来计算,高收入男人的妻子平均可以达到52%,中等收入者的妻子为47%,而低收入者的妻子却只有38%。

另由两名来自英国的学者实施的"中国健康与家庭生活"调查也指出,那些受访的有性伴侣的女性中,能达到较高性高潮频率的大概在1/3左右。影响因素来自多方面,但性伴侣的财富状况是重要因素之一。

所以,不要以为只有情感(或者简化为"爱"这个比较形象通俗的说法)才是让女人享受"性"的前提,事实上,在这个问题上,身体和本能说了算。一个多金的男性,从价值角度衡量判断,显然意味着他的能力比较强,占有的资源也较多。这无疑是女性挑选对象作为共同孕育及抚养下一代的搭档的重要标准,判断这一点的能力,被设置进了我们基因记忆的某个角落。在荒蛮时代,这个设置有利于种族繁殖和复制,能确保更高的成功率。

戴安的案例因为发生在了21世纪,不可避免地带上了特殊性。她的现代女性自我意识没有让她把那位可能马上要赚到一个亿的男人收编为想象中的孩子他爸,却因着"不想见面的时候双方尴尬或让这事成为一个三流段子的开端"而戛然而止,整个事件由此平添几分令人敬畏的色彩。

那么生活里还是找不到能让自己体验性高潮的男人怎么办？其实要解决起来也并非十分困难。伍迪·艾伦电影《傻瓜大闹科学城》中提到过一种"性欲高潮诱导器"，有科学家最近正准备试验同一原理的脊髓刺激器，用它来引发女人产生愉悦感。如此一来，我们就可以堂而皇之地享乐，而不必担心其他从精神到肉体的种种麻烦了。说到这里，还得安慰卜心有余而力不足的男人们，你等也不必灰心丧气。听说加拿大一位电脑奇才已经造出了号称完美女友的一款机器人，不仅拥有魔鬼三围，最重要的，通过对相关软件进行重新设计，该女能做出达到性高潮的快乐表现。

是不是皆大欢喜呢？

性高潮（orgasm）

　　在性反应周期过程中所累积性张力的突然释放所导致在骨盆区有节奏性的肌肉伸缩及表征于外的性愉悦，常伴随着情不自禁的其他动作，包括多处身体区域的肌肉痉挛、身体摆动及发出声息。

性冷淡（sexual apathy）

　　对性生活无兴趣，医学上一般认为其表现包括性欲低落、兴奋期障碍以及高潮困难。

非礼,可想

人不得不通过这种方式来期待、记取、忘记……
还有,对付当下,它是我们身体中不可分割的一部分。

30岁这年,M在遥远冰冷的格陵兰旅途中度过了迄今最难忘的生日。她对我回忆道,深夜,在一艘破冰船上,通过铱星卫星信号收到千里之外初恋男友的短消息——距他们分手已经将近九年。只有一句话:直到现在,我和别人做爱时,还会幻想那是你。

有一则传说是这样的:大多数男人的性幻想对象是陌生的异性,而女人,恰恰相反。就这角度来衡量,M的际遇确乎令人艳羡,以此般方式被曾经的爱人铭记,那只能说明,你足够特别,足够好,足够让人不舍。

对于研究性爱心理学的人来说,以上话题是个太好的研究模型,他们的调查问卷中往往会设计若干相关话题,加上一些具体的选项设置,以此甄别男女性心理差异。有些结果让人忍俊不禁,比如15%的女人会于这种时刻在脑海中添上栩栩如生的浪漫场景,海滩啦,瀑布啦,高速公路什么的,(M有理由在接到短信那一刻把自己想象成杰克怀里的露丝,冰山于前,也my heart will go on...and on);而只有不到4%的男人才会花那个心思,以我个人经验而言,从某位前男友处听到过也唯一记得住的选项是办公室。

因为**力比多**的缘故，男人**性幻想**频率远远高于女人，这一事实造成了他们不容易得到满足的现状。所以，据一份 1978 年的报告，大多数在这方面想象丰富的男人性生活如意的可能性极低：在头脑中和十个以上的对象缠绵悱恻过了，现实中的性伴侣可能只有一个或不到一个。在头脑中和奥黛丽·赫本或者林志玲如何如何，现实中却不得不面刈一座水桶腰、一张冬瓜脸。生活是很残酷的，不是吗？觉得残酷得受不了了，且去看苏童莫言的小说吧，名字就很过瘾，《妻妾成群》《丰乳肥臀》。

几乎可以笃定的一点，性幻想不丰富的作家，难以成为知名作家。

在朗姆酒的催化下，和 M 之间这次交谈继续升级，达到了重口味级别。"你会去买张柏芝那款制服吗？我看到网上有。""不，我觉得有一套黑色皮革特别好，还配了道具。"SM？没错，咱们这些作风很强势的女人极其愿意自己被一条马鞭驯服，这是业已被样本统计所证实了的说法。所以现在情趣商店生意越来越好啦，故事正在城市各个角落里上演。但，许许多多 A 片喂养大的男人还是有洛丽塔情结的，由此医院里护士服越来越多换上了粉红色。

关于性幻想会不会破坏一段正在进行中的关系，专家说法也莫衷一是，呈现出明显的两极态势。《心理学报告》(*Psychological Report*)刚刚出了一篇文章，分析认为这体现了性功能水平，想得过多容易引起性焦虑；《今日心理学》(*Psychology Today*)就回敬一篇，说这只不过算冥想一种嘛，多想有助于增进伴侣之间的和

谐。不过总的来说,既然情爱非是能够持久之物,婚后出轨又麻烦多多,很多时候 YY 不能不说是安全的调剂方式。

　　酒过三巡,我还冒出了一个非常不厚道的想法,然而不便与 M 交流,想来想去,也只能留在心里自己琢磨了。那就是她初恋男友的性幻想中有没有包括多人角色?据说这是绝大部分男人乐于沉浸的一种方式,生物性决定了方向。但这显然会导致她的感动大打折扣。

TIPS

力比多

　　奥地利心理学家弗洛伊德提出 libido 的概念,有"性力"的意思。不过这里的"性"不单纯指生理上的性,而是指一切身体器官的快感。

性幻想

　　人通过大脑想象某种动作或画面等以使自己达到性兴奋,出现一定的性快感。

以伪装对伪装

文明及其不满所导致的麻烦：
露还是不露，都是问题。

多年前听到的一个笑话是：两个男人在谈论为什么和现在的老婆结婚。

A：我认识她时发现她很劲爆，该露的皮肤毫不吝惜，每每见面便叫我心猿意马，不见面就痛苦难捱，所以觉得还是娶回家来省心。

B：我们刚认识的时候，她穿着特别保守，除了一张脸以外其他地方严严实实，叫我忍不住每天猜测那衣服裤子下面是什么样的，要达到这一目的就只有娶回家来。

这个笑话仿佛在告诉我们说，女人对于男人的魅惑力是得天独厚的，不以外界眼光为改变，露多露少总相宜……且慢，结论下得太早了，事实似乎并非如此。

Emma 和 Lily 是我女友中的两个极端，虽说都是夜店动物和派对常客，而且不时结伴同行，但装扮趋向乃完完全全地不同。E长得玲珑有致、丰胸细腰，并以此为傲，所以风格相当于 A 的老婆；L 削瘦单薄，有几分骨感模特的味道，爱以中性面目出现，长裤长衫，和 B 的老婆比较接近。最近有个颇为蹊跷的事情是，两个人同时在向我抱怨自己很多场合下不大被男人待见。

E:上个礼拜在×××的生日上遇见一名帅哥,我抛足媚眼,也没让他下定决心要与我约会,留了联系方式可至今没打来。还有,××介绍的一个家伙,看我的时候还两眼放光呢,吃了一次饭就没有下文了,这世道天理何在啊!

L:周末一次大部队户外,结识了个很谈得来的男人,而且和我都住在静安区。当时彻夜长谈,哪知道回来以后就像没事人一般,我主动在网上约了一次,他竟然用工作太忙推脱。真是越想越生气。

用脚趾头也能想得到,逢这种状况,E一定铆劲儿扮性感女神,而L还是不紧不慢地以知性姐姐示人。所以都是策略性错误啊,叫我怎么能不哀其不幸。

须知人类这种东西,乃是世上顶顶会伪装的生物。一个最大的例证就是,所有其他哺乳动物都有明显的发情期,而人却是没有,在悠长演化岁月中把这个方便之门给关了,为的是符合"文明"。虽说这么一来把事关高级智慧面子的问题解决得不错,可后果也有点严重——带来了文明的不满。

关键便出在择偶交配时机上制造了无数障碍。因着各种各样的遮掩,男人不再能明确知晓一个女人什么时候适合受孕,什么时候不适合。这种伪装有时候甚至达到令人啼笑皆非的程度,比如说吧,研究发现,女人在排卵期和月经期的走路步态有细微差别。但,和你想得恰恰相反,排卵期的姿态显得保守收敛,而月经期的则更为有性吸引力,听起来是不是很跌眼镜？心理学家的解释是,为了保证有限的卵子资源,女性在此采取了防护型策略。如果不明白这道理,男人削尖了脑袋也想不明白为什么那个看起来很开放的甜妞儿今夜不和我回家。

反过来,信息不透明又带来了另一桩麻烦,就是男人也开始伪装啦。当然,就生物性而言,他们会对有可能的异性都表现出一定兴趣,但为了保证少做无用功,他们不会滥用精力去应付并不导致有效交往的对象了。嗯,请注意我用了"交往"这个词,和"交配"在层次上有所不同——在追求品质的现代生活下,部分演化得较高端的雄性同样也放低了数量方面的要求。太保守的女人看起来不好搞到手,太不保守的有可能掉头就和别人跑了。

居然就有人研究起了女性暴露程度对其受欢迎程度的影响,来自英国利兹大学的科林亨德利(Colin Hendrie)团队考察了舞会上的着装裸露度和受邀请次数的关系。他们定下的标准为：一只全裸的手臂算10%,一条全裸的腿算15%,整个躯干部分算50%,分别判定每个部分裸露的程度为多少,最后将三个部分相加。结果发现,露得太多会被看得比较多,穿得太严实基本没人看,她们都不是最受欢迎的,男人搭讪起来都不怎么起劲。这里出现了**正态分布**,适度地裸露大概40%左右皮肤的那些,才会处于曲线顶端。

TIPS

正态分布

又名高斯分布,是一个在数学、物理及工程等领域都非常重要的概率分布,其概率密度函数曲线呈钟形,因此又被称为钟形曲线。

精神作为性感的先行

思想和情欲之间并不存在所谓矛盾，
恰恰相反，两者其实高度和谐统一。

"我是在精神上要求很高的人，"每结束一段恋情，莫扉就会向我强调一遍这句话，"生活里那些小事和一点身体上的小欢愉，没法让我全情投入。"

精神上的要求，说得具体一点，指的是旗鼓相当的思想碰撞、感同身受的信仰敬畏、完全放任的独处距离，诸如此类。换而言之，这位集哲学博士和管理学博士于一身的美貌金领女，梦寐以求的是一个能陪同她在冷爵士音场中仰望星空，谈谈西蒙娜·薇依的男人，并且懂得适时消失。可想而知，这种类型只适合在艺术片里面去寻找，《爱在日出前》里面的伊桑·霍克看起来勉强可以及格。

实不相瞒，当莫氏念念有词描述起一堆形而上观念之重要性以及忍不住埋汰现实中的情爱纷扰有多么无聊时，坐在她对面的我，好像看到了一轮光晕在半米远外那个脑袋周围，璀璨闪烁，像极了某些欧洲中世纪画像里的女圣徒。

这样的她，一年平均换三个男友，另有一夜情或多夜情若干。曾陪她去北欧旅行数周，每到一个城市，她必找两处——当地最好的教堂和最糜的酒吧。皆撇下我，独自前往，分别着雪白的棉衫和

漆黑的皮衣。

所以每逢有人要我为这个与自己相识已经差不多有五年左右的同龄女子下个定义，第一时间就想起香港李碧华的一句话：过上等生活，付中等劳力，享下等情欲。

其他语句似乎难以言状。

最要命的是，莫扉知道后，会嗤之以鼻纠正：错啦，过精神生活，付物质劳力，享本能情欲。

看到此处，倘若你正在喝寒冷冬季里的热咖啡，小心了，千万别一口呛住喷出来。

古往今来，哲学家、神学家、人类学家和社会学家都热衷于探讨的一个话题，就是精神信仰对情欲的影响，各种看法莫衷一是。从莫扉小姐的身上，我得到的结论不外乎，即便拥有高洁出世的灵魂，也不妨碍你设法获取不需动脑子的"低级"快乐。君未见在古希腊，妓女形象常常是和女神联系在一起的，那些神庙里的女祭司往往享有最高级别的性爱和欢愉。

现代研究有志于去证明这一点，就在数月前，美国肯塔基大学的杰西卡·布里斯(Jessica Burris)博士对353名在校大学生(其中约61％是女性)做了番调查，问卷涉及他们的精神状态和情感状态。最后的统计结果得出：那些更注重精神生活的女学生，比如说经常会祈个祷冥个想禁个食做个瑜伽什么的，通常在性方面更开放，性伴侣也比不那么注重精神的人来得多。

　　研究者在报道中分析说：把精神视作比较重要的部分，也许意味着她们对人和人之间的亲密度期望也较高。随着社会发展，特别是到了现今时代，客观上发生的变革已允许女性去追求她们心目中渴望的东西，则这部分人就作出了更多的试探和努力，去赢取灵与肉的双重交流。

　　她们可能会获得一个个阶段性的令人失望的结果，但，既然失败乃成功之母，甚至严格来说世界上本不存在绝对的失败，因此也就不存在浅尝辄止知难而退的处理了，勇往直前才是取胜之道。唯一麻烦在——文章中指出——她们使用安全套的频率也较低，这造成了一定的危险性。

西蒙娜·薇依（Simone Weil）
　　20 世纪不可忽视的重要法国女哲学家和宗教思想家。

没有真正的 AV，只有想象的高潮

明明是"我要"，说出来却成了止めて，来自近邻
东瀛的 AV 让我们深刻认识到了女人身体和灵魂间的差异。

尽管一直在生猛鲜辣地写科学性爱专栏，但其实本人在已经消耗太半的前半生里，没有看过什么可以正儿八经标上 AV 字样的影视作品。即便当年红极一时的冠希兽兽视频，当有人表示要在线传给我观赏时，也婉言拒绝了。只有一次例外，那是因为要下的一部恐怖片和一个 AV 重名，结果下错了，冲着不解和不甘，我把两个多小时的片子快速拖了一遍过去。

"不好看啊，"我一边拖进度条一边和几位 AV 人士发 message，"看到那个舔高跟鞋的镜头，我的喉头十分不适。"虽然类似描述在让·德·贝格的小说里早看到过，但面对实打实的镜头，还是第一次。

"唔，你看的大概是欧美系的，日韩系的会更变态一点。"有人回答道。

沉默，长时间沉默。

在我心目中，真正的 AV 应该是这样子的：它必须有缘由（不至于构成逻辑上的混乱）、有情节（为尊重我的古典主义偏好），除此之外最好在整个过程中有数据详细记录，可以拿来做行为学力学生理学解剖学等诸学分析，统计出分布特点，找到共性和差异，

并确定某些现象有多大程度的可重复性。比如我十分希望专家们能够搞清楚陈冠希的女星们有没有用药，用的是不是同一种药，等等。于是对方总结：我明白了，你其实想看到的是那种可供研究的性爱实验。

没错，再次抱怨自己该死的理性。也许所有暴露在开放环境中的性，在我看来都不啻一场社会学和生物学的缠斗（但它也不会那么绝对地与道德相关），其中激动人心的部分已经被最大程度地弱化，没法激起我身上美学细胞的参与。深受中国广大男性网民爱戴的苍井空老师，说过一句话恰道中了我此处想表达的核心——当被问及工作中做和私下做不同在哪儿时，她答曰，私下的感觉好，因为那是两个人之间的。

AV 的一个宽泛定义至此也就不难划定了：主要提供给当事人以外的其他人观看的人类交配、自慰等行为的影像记录。按照应用方向的不同，可以粗略地划分为观摩型和研究型。

观摩型也许你昨天晚上就享受过，研究型听起来会陌生一点。而放眼历史，我们会欣慰地发现，科学家绝对不会放过如此重要的生物现象于不顾，他们一直在努力推进，尽管过程遍布艰难险阻。曾任美国心理学协会主席的约翰·华生（John B. Watson）是这一领域的先驱，1917 年，他和女助手一起完成了可说是人类历史上首次公开的性行为科学研究，并由此与妻子离婚，娶了这位女助手；厄内斯特·博厄斯（Ernst P. Boas）等人在 1928 年利用改进的心

率计研究一对夫妻的房事进程,描绘出包含 4 次性高潮的曲线图;1935 年,昆虫学家出身的阿尔弗莱德·金赛(Alfred Charles Kinsey)拿到了洛克菲勒的钱,然后召集来很多小伙子到他的房子里撸管,四年后他发表了震惊世人的《金赛性学报告》;1950—1960 年,华盛顿大学圣路易斯分校医学院的妇产科教授威廉·马斯特斯(William Howell Masters)和他的助手维吉尼亚·约翰逊(Virginia Johnson)一起观看了超过 10000 起完整的人类性交活动,1964 年他俩联手出版了再次震惊世人的《人类性反应》;1999 年发表在《英国医学杂志》(British Medical Journal)上的一篇文章中写道,荷兰格罗根宁医学院的两位医学博士威利布罗德·舒尔茨(Willibrord Weijmar Schultz)和佩克·安德尔(Pek Van Andel)找来了一对街头艺人,在幽闭的核磁共振仪里面做爱,即时成像,记录下了"勃起清晰可见,包括根部"这般完全骨感的历史性画面。

……

对我而言,以上这些曾经发生过的事件都是非常有意义的,在脑海中想起来也是波澜壮阔。但现实中的 AV 依然无法让本人真正地感兴趣起来,面对它们总有一些茫然。如果说它们仅仅被作为性唤起的手段,得承认这一点是有效的,可为什么要拍得那么长而又长,成了裹脚布?从这团裹脚布中,我看到的是无聊与乏味,而大多数男生看到的却是激动人心,为什么啊为什么?

无疑,男女两性的性唤起,在各个方面来说都可谓相当之不同,则按下 play 之后的三五分钟里,那些画面在各自的大脑和和身体上到底留下了怎样的冲击?

在《性行为档案》(*Archives of Sexual Behavior*)期刊上的一篇综述文章中,加拿大女王大学心理学家梅瑞迪斯·奇弗斯(Meredith Chivers)教授结合 1969—2007 年间 134 个相关研究,描述分析了性爱场景对观看者产生的影响和刺激,其中涉及 2500 多位女性和 1900 多位男性参与对象。一般来说,研究人员会将志愿者暴露于种种具有性暗示意味的录影片段之前,一边用仪器记录下他们生殖器官的反应以测量被唤起的水平,一边请他们用言语来评定自己所感觉到的唤起水平。某种意义上,这是一种 AV 心理分析兼生理测试。

结论部分,教授写道:异性恋的男性对于男女交合、女女交合、女自慰、赤身美女做健身操的片段都有反应,对赤身男子无甚反应(同性恋的男性对此反应强烈),对猩猩交合的场面没有反应。他们用语言评定的受激水平和仪器记录之间,没有大的出入。换言之,说兴奋了肯定就是勃起了,说没感觉就真的是软趴趴的。而异性恋的女性身上却出现了有趣的现象,她们对于所有镜头都有不同程度的反应,甚至猩猩交合也会带来轻度反应,但是表述和测量事实出入很大,仪器测到的兴奋程度往往在语言上体现不出来。怎么解释呢,教授提出了主要的两个方面:从视觉效果来看,男性性器官长在很容易看到的地方,所以有反应也更容易被意识接收,女性性器官较隐蔽,意识上会迟钝一些;另可以考虑"强暴理论",

女性受到侵犯的可能性比男性高许多,作出身体上的反应可避免杀伤性的伤害,是进化的选择让她们保留了如此特征。

这个研究无疑部分地解决了我对于自己为什么不喜欢看 AV 的疑惑,也更大程度地回答了止めて的由来。嗯,要知道,欲望和意愿从来都是不能等同的两个词。作为女生一名的我,不看 AV 并不代表我身上没有 AV,只不过,当我的身体已经在 AV 的路上了,思想还滞步于文艺片。

TIPS

AV(adult video)

　　色情录影带,或泛指色情电影,也简称为 A 片。

止めて

　　日语,停手、停下的意思。

让·德·贝格

　　法国新小说鼻祖罗伯—格里耶的妻子卡特琳娜·罗伯—格里耶曾使用过的一个化名,她以此推出过一本情色小说《图像·女人的盛典》,里面有施虐—受虐场景的描写。

低成本快乐

一种关系快乐不快乐,我们都会有预感。
一种快乐结束不结束,我们都会有预期。

有一个稍微带点严肃的问题,以及,肯定带点尴尬,我在询问每个人的回答时,都尽量小心翼翼,密切注意着 ta 的表情变化。

放心,它绝对不涉及智商,不会让你回答"一个女人生了两个男孩,那么她第三个孩子是男孩的几率有多大",更没有追问"n 个人分蛋糕,人人都想要最大,怎样才能让大家都满意"。在这里,我只是想简单地了解一下:你曾经是否结交过,嗯,那种所谓"炮友"的关系?

英文里,这关系有特定称谓:friends with benefits,简称 FWB。字面上看来,解作"带来利益的朋友",或者,也不妨认为有"互惠互利"成分,benefits 此处大抵指的是可以享用较为安全的性却不必面临谈婚论嫁承担责任的风险。一项 2009 年初在美国两所大学实行的调查显示,60%的参与者有过 FWB 经验,这个比例是相当高了,估计在中国会稍微低一点。根据我粗略的不完全估算,周边人群中有 1/3 以上尝试过 FWB。

当然,变成 FWB 的原因各有不同。

"我离过两次婚了,对固定的亲密关系兴趣不大,我也乐得不用每天给一个人发信息打电话。"

"认识蛮多年了,也不知怎么地彼此觉得可以试试,可能差不多时间失恋吧,又都疲倦得不想恋爱了。"

"他比我小 7 岁,可是长得太帅,没有办法,就这样吧。"

"觉得不像那么回事,学历爱好什么的都相差很大,一说话就有点不搭调,不过住得太近,他经常来帮我修修电器什么的。"

这种现代社会里见怪不怪的情形,细究起来,通常包含着复杂的人类行为和心理。做旁观者,看小说电视剧一般;做当局者,酸甜苦辣咸,五味俱全。任何简单的分析和评判都难以真正地切入核心。

还是回到客观来。上述美国人的调查揭示出来的一些数据值得我们注意:在他们发生性关系前,FWB 的平均友情长度为 14 个月,之后,有 28% 发展成了长期的 FWB,其余都不能够维系下去。大约 6 个月为限,不再做 FWB 的那些或成为纯粹的朋友,这种情况占 36%;或成为恋人,占 10%;剩下的 26% 呢,就啥也做不了了,形同陌路,想想够悲惨的了。

为什么会好好的朋友不做,却冒险玩起这种存在着道德困惑的游戏?给个理由先。

正如你我脚趾头都能想得出来的那些,比一夜情有保障,比谈恋爱轻松。但,麻烦也很多,81% 的人认为会带来一些情感上面微妙的变化,35％的人承认这样对友情造成了威胁,12％的人甚至觉得在性方面也有破坏之感。好,说到此处,也许你早已经想开口询问了:那个……Take it easy,唐纳薇愿意很老实地坦白:她因为这原因,失去了一位还算谈得来的朋友,那发生在很年轻很年轻的时候。若时间回溯,应该不会让类似事件发生了,至少,面对同一位对象时,不。

在那项调查中,FWB大军里面只有34％的男性和26％的女性认为,他们得到过愉快的FWB关系。你也看到了,比率比较低,却也没有低到失去统计意义。事实上,就这1/3和1/4来做做分析,就足够心理学家忙得乐不可支了。大体上来说,他们相信,这是反映社会变化趋势的,还会有继续发展壮大的可能。

为高潮找到一个对应物

无论你信或不信,这话题经常发生在
光天化日之下,而且,显然,永远没有结论。

　　倘若此刻这幢大楼突然失火,那么京城的文化事业明天一早
睁开眼睛就会发现完蛋了,发生了灭顶之灾,大大小小出版物估计
得以"无妄之灾夺去本刊××"之类的标题补白。八月里,闷得发
眩的三伏天,三元桥附近,50人齐聚,其间名记名博名侃名××济
济,人来了又去,去了又来,带着各种段子猛料,小道消息。

　　一轮认脸后各就各位,东首第一张桌子渐渐传出了喧哗,忽而
举杯咣当撞将起来,中间一只手冒上来,作召唤状。有人喊:唐纳
薇,且过来,有问题一定要你来发挥能力解决一下。我拒绝不得,
赶紧踱步过去,很快被众人按入大椅子动弹不得。有位搞编剧的
名博大哥把大头凑到了离我眼睛不到一寸的距离,以低沉而有威
慑的声音逼问道:我们吵了半天也没结果,现在需要你——用科学
证据判定一下,女性的身体里面,到底存不存在G点?

　　嗯,我松了一口气,还好,还好,是这么个事情。撩人的始终处
于风口浪尖的G点之争啊,果然无处不在。

　　而眼下状况是,现场有点乱,女宾中一半一半,以个人经验纷
纷陈诉有或没有的理由,说自己有的就不用赘述了,说自己没有的
那些解释则很奇妙,比如"哪都敏感"和"哪都不敏感",不能不引来

一片惊叹。而男宾们则全是一幅痛苦迷茫、绞尽脑汁在回忆的表情。实在是有些戏剧化了，以至于我在面临那么严酷的拷问之时仍不免思绪飘忽，想到京城文化事业如此旖旎的一面，无法惟妙惟肖出现在各大版面也是很可惜的"杯具"。还好，还好，世界上有唐纳薇的这块补丁专栏存在……

收回思绪，我坚定地摇了摇头，缓缓吐出一句话：有，但不是每个女人都有。

随着各种声响响起，掌声，敲桌子声，跺脚声，讪笑声……继续看到了一片点头和摇头。有人迅速摆出了要和我争辩的架势，包括闻讯赶来的另一位科学名博，北方人士，男性。

如果时间允许，我想我可以和他辩到第二天的太阳升起来，也得不出什么实质性的结果。尽管他以一个男儿身来谈论该问题，已经比身为女子的唐纳薇少了许多先天优势，但我深知他会摆出各种研究数据来雄辩。不过，谁怕谁呢！唐纳薇最近倒是正好看到有个叫做佩特拉·伯因顿（Petra Boynton）的伦敦大学学者在她那以性爱教育为主题的博客上写了一篇综述性文章，《那些 G 点都去了哪儿》，当中把这些年的纷争做了个梳理。

有关 G 点证伪的科学探索，由来已久。20 世纪 50 年代的德国妇科专家厄斯特·格雷芬贝尼（Ernst Grafenberg）可谓先驱，格奶奶当然是确立了其存在，这个 G 就来自于其姓氏。她 1944 年发表了《尿道在女性高潮中扮演的角色》，认为女性**耻骨**后的一小块区

域受到刺激时能够引起飘飘欲仙的快感,其围绕着尿道,也属于尿道海绵体的一部分。但是有鉴于很多女性朋友其实终其一生体验高潮的次数都少得可怜,这个快感开关就是怎么找也找不到。于是,"女性到底有没有 G 点"一直到了 20 世纪 80 年代还在喋喋不休地吵,伴随着女权运动和社会形态的变化一直起起伏伏。G 点,就更深刻层面来说,已经嬗变成了文化问题乃至政治问题。

吵架不解决问题,实际调查才是取得发言权的根本。值得一提有分别来自 2008 年和 2010 年年初的两个报道,麻烦的是两者观点针锋相对。2008 年意大利一个团队做的研究,样本不大,但因摆出了"G 点千真万确是真的"这一架势而被媒体竞相报道。而两年后,也就是 2010 年 1 月份的报道中,伦敦大学国王学院的研究者安德里亚·布瑞(Andrea Burri)等人向 4625 名妇女送出了迄今最为大型的一次 G 点问卷。1875 名被试作出了回应,但后期统计中剔除了 71 份,原因在于她们是同性恋或双性恋,性经验的特殊性可能对结果造成偏差。参与调查者需要回答一个问题,完整表述如下:你认不认为自己身上存在一个所谓 G 点,约硬币大小,位于阴道前壁的一块面积,对于深度挤压很敏感?最后,报告给出结论:G 点这玩意儿更像是非生理因素引起的意识性认识。

也就是说,它是想象出来的!这个目前为止最大型的据称是双生子样本调查如是告诉你我。

但研究者也总会留一手的,他们在讨论中部分承认,无法摒除受调查者因压力等环境因素而找不准或道不明,他们也不准备残忍地打消很多人的念想，所以在报告中加进了一些支吾之词："关于女性性功能的解剖学、生物学、生理学、病理学知识依然受限，女性高潮是复杂现象，远远还没到能搞清楚的时候。"

你看，不仅我们从来没有把这个问题搞懂过，科学家也没有。

TIPS

耻骨（pubic）

组成骨盆的骨骼，外部包覆着一层脂肪。

双生子样本调查

同卵双生子是由同一个受精卵发育而成，因此在遗传结构上完全相同。通过比较同卵双生子之间在生理和心理发展特征上相似程度的差异，可以了解遗传和环境因素对某种发展特征的影响。一般来说，因为双生子在人群中的比例比较低，所以本文中的这个样本量已经是相当难得。

成人业及其所带来的

我并不讨厌这个故事,只是,我更接受身处的时代,
它也许比那个时代要稍微健康一点。

近年来,文化消费中"纯爱"风渐起,惹恼了不少提倡直面人生的真相人士。比如,对《山楂树之恋》这部标榜"纯爱"的电影,最嗤之以鼻的是我某位编剧身份的女网友,她曾在新浪微博上发了不下百条的言论,从头到脚把这故事痛斥了个遍,并惊世骇俗地提出,老三绝对不应该是白血病身亡的,更有可能的原因,是和那红楼里的贾瑞一样频打飞机精尽人亡……只差没照风月宝鉴。

未曾经历过那个时代的 70 后以降,对于这本书中所描写的封闭懵懂男女之爱,无法不觉得遥远陌生。问题的关键看似在于"没有性的爱有多么可信",但真正折射出来的却是"对生活真实以及人性真实的质问"。任何人对一件事物发表观感之时,都不可避免带上自己的经验,当我们已经习以为常生活里的各种地下情、一夕欢愉、多角关系、性爱游戏,当我们随手可下海量 A 片、鼠标一点就进入色情网站、买裸体杂志也毫不费劲,那么老三和静秋的故事,看上去便犹如一张淡不可辨的旧时水彩画儿,发黄破碎,矫揉扭曲,且有伪造之嫌。

这个世界,单在美国,每年就有超过一万部成人电影问世。一

个叫做"自由发言联盟"(Free Speech Coalition)的民间机构还做过统计,该类录像带和 DVD 的总销售额在年均 40 亿美元左右。且不说除了美利坚之外,还有日本以及欧洲这两大生产基地,产量也毫不逊色。而在中国,尽管生产的水平跟不上,但 D 版和下载事业兴旺发达,助长了色情文化的广为流传。跟踪调查还发现,成人电影的消费群中,女性占了相当一部分,也没有任何迹象显示这部分观众有任何异于其他人的心理。全球色情业得以蓬勃发展的结果,据科学研究,一个正面效应是对社会治安有好处。你不要惊讶,让数据说话——FBI 统计显示,1975—1995 年间,在 20～34 岁这个年龄层的美国男性中,强奸率下降了。丹麦是最早实现色情合法化的国家,早在 1969 年就颁布了有关法令。该国犯罪研究专家、社会学者博尔·库钦斯基(Berl Kutchinsky)那时就开始了"关于色情的公共卫生作用"的一系列考察,多年来他分析过来自丹麦、瑞典、西德和美国的数据,作出了和 FBI 相同的结论。在日本、克罗地亚、中国、波兰、芬兰和捷克也出现了同一趋势。另据研究指出,近二十年来,美国的儿童性虐事件也在下降。

这个世界,各国各地,召妓的男性比例在 7%～39%之间。不过有趣的事实是,比例的高低并非由性产业开放程度而决定。换而言之,也许在一个找小姐表面难度很大的国度,私下里却有着不低的百分比。对于"男人为何花钱买性",学者们给了我们不少解释,一说是因为演化中他们已经被安排为一个占有和控制的角色,在妓女们面前,男性更容易得到一种经济上、心理上的优越感。

道德不敢正视的地方,也存在某种合理。

不知不觉,人啊人便都如此了,我们先是一惊一乍,而后泰然处之,最后漠然置之。可能一切和最初的想象与设定比起来已完全不同,但,又何尝不可呢?生活是最大的实在,这时再来谈《山楂树之恋》,谈老三,噢,forget it!

数年前,住处楼下即开着两家风俗店。有工作狂倾向的唐纳薇动辄写完一堆稿子才搭乘末班地铁回家,桃粉色灯光里隐约可见那些或倚或站在门口露着肩腿的年轻女子,听见了高跟鞋声她们往往不自觉一溜儿转脸看过来。对视一瞬,我经常想,啊,对方一定在感叹这个单独开业的姐妹可真不容易,所以她们给我的目光那么怜悯温柔。于是赶紧回过笑容去,心中仍然想说,感谢上帝,我活在多么正常的一个世界。

TIPS

FBI(Federal Bureau of Investigation)

美国联邦调查局,是美国司法部的主要调查机构,也是联邦政府最大的反间谍机构。

盗性

在梦里 ML，犯错了吗？还是犯了错也不要紧？
还是，犯了错也不要紧，但最好担个心？

托克里斯托夫·诺兰的福，最近常被人问起黑洞和虫洞的事情，不禁想起在《星际穿越》之前，那部大红的《盗梦空间》也让我基本上每天都会被人问到三个以上关于梦的问题。

No.1，在梦里做梦，可能吗？——这是最常见的。

No.2，醒了以后继续睡，还能把前面没做完的梦延续下去吗？——这个稍微罕见一点。

No.3，在梦里杀个人啊啥的，是不是可以不用判刑？——这个最有才了。

Blabla，诸如此类。

最有意思的是，有一个问题非常与众不同，享受了不同一般的待遇——必须凑到近前来私下发问，提问者或挂着讪讪的笑、或一副心一横做愣头青的表情，而我听完后也立马表现出心领神会领首点头沉思状，以意味深长的语气开始悄声分析。没办法，这实在是个关系重大的提问，需要用严肃待人的办事风格去迎接，半点儿也不能马虎——如果总在梦里和某人或者若干其他人 ML，而在现实中，那人或那几人其实遥不可及，是不是意味着自己有点 BT 倾向？

93

当然，此事关键在一个"频率"上。偶尔为之还不至于造成那么大困扰，经常发生就难免为之惴惴，倘使你自认在阳光底下还算道德标准不低的那种，简直会羞于见相关人士。西班牙超现实主义导演布努埃尔的《白日美人》（这部片子据说是婚外情日剧《昼颜》的原型）中，女主人公就梦到过种种和她所属阶层的戒律格格不入的虐恋型性爱场景，醒来也只能偷偷地自己美，声张不得。这种称为"性梦"的现象其实是目前睡眠研究中的课题之一，众所周知，在它被正式纳入脑科学范畴之前，便一直为弗洛伊德学派所津津乐道——他们相信，性本能乃欲望或动机之源，而梦是受压制欲望的一种实现，由此很多梦中所为都可以追溯到人在性方面的一些需求，很多是不合伦理的。不过，近些年来的学科发展和实证手段都在逐步摒弃以上说法，至少不那么想当然了——科学工作者们更愿意用脑成像和统计数据来说话。

加拿大蒙特利尔大学的梦境研究者安东尼奥·扎德拉（Antonio Zadra）等人曾记录下了173名志愿者在2～4周时间里做的梦，大约3500个，发现其中有8％与性行为有关，比例并不算很高。该研究得出的结论还包括，女人和男人做性梦的概率其实差不多，而且各有4％的被试声称感觉到了性高潮。但来自西英格兰大学的杰尼·帕克（Jennie Parker）在博士论文中却提出了另一个观点，认为根据她的数据搜集来说，男人做性梦的频率比女人高，而后者在睡眠状态下，做噩梦的频率比前者高。当然，这和两者选用的样本不同大有关系。到底哪家说法比较可信呢？从我本人和身边其他朋友的比对来感觉，帕克博士似乎更可信一点，却不知你看法如何？

对那些性梦非常丰富的那些人，比如凑得很近提问不休的诸君，说实话，我只想诚心诚意说一句"恭喜你，也许你只是比别人体验了更丰富的人生乐趣"，因为科学家基本上认为这并不一定涉及心理健康问题，而没有付诸行动的话也就与道德无关。不过另有一种可能，我会建议他去看看医生，因为其中反映出了一定的病理特征——明尼苏达区域睡眠障碍中心的专家卡洛斯·申克（Carlos Schenck）曾搜集了 1905—2006 年间有关性梦的研究，发现在人群中大约存在 11 种和性有关的睡眠障碍。他和同事还主持了一次在线调查，219 人参与，其中 92% 经历过不同类型的性梦。在这些人里头，大多数男性的经历相似——他们会在睡觉当中性唤起和身边的人 ML，或者自慰，但当醒来之后，对于发生过什么则完全丧失了记忆，除非有旁人告诉他。这种情况被称为睡眠性交，听上去很诡异，是写进小说的好题材。有着这种恶习的人可听好了：最好还是去看看临床医师吧，睡眠性交期间没有发生暴力事件还好，倘若侵犯了个把自己平常还看不上眼的人，啊，那难免千古遗恨。

雄性危机应对

对,毫无疑问,她现在比
只和我一个人有关系的时候更迷人,更值得去争取。

其实我们常说的"鸟人",这个叫法不无道理,并不是简简单单的辱骂用语而已——所有鸟的种类中,有90％和人类一样,采取了一夫一妻制配偶方式,至少在表面上如此。双方一起生活、一起哺育后代。当然私下里,不忠诚的故事永远在发生,和人类一样,某些自以为条件不错、能应付多一些精力支出和经济支出的雄鸟也是会养"二奶"的。

一夫一妻制之所以在漫长的人类演化中被固定下来,是因为它对于种族繁衍和个体利益保障来说,都是最好的方式。相较那些群居群交的古猿先祖和黑猩猩等近亲,人类至少在一点上占了先机:男人们基本上可以清楚明白哪个是自己的儿子或女儿,他也愿意投入更多的抚养精力。毫无疑问,这样带来的结果不外孩子也可以长得更好一些。

这或许就是我们最终成为地球上貌似主宰的生物之根本原因吧,因为我们生养出了一批又一批更优秀的后代。

当然,不忠并非男人的特权,人类当中也有10％的私生子——他们的爹自己都不知晓帮别人养了孩子。

前些日,一位发生外遇事件的女友,愁眉不展要来找我喝酒,电话里吞吞吐吐得叫人发狂,我一路想:糟,没准她怀孕了。于是迅速地在脑子里把要或不要孩子的所有利弊都过了一遍,准备给当事人做全方位的风险分析。

约在一间小酒吧,进门入座,她面前烟灰缸已经攒了四五个烟头,手里是一瓶嘉士伯,半分不改平时的豪迈样。开始寒暄、闲扯,我等着她给我报那个幸运而又不幸的消息。几次三番试探之后,我醒悟过来,慢慢明白她真正的焦虑所在,不是因为意外怀了个孕,也不是因为丈夫得知了真相,而是因为,得知了真相之后的丈夫对她竟然更加饥渴式地性趣大发起来。

"他现在比刚结婚那会儿还疯狂",达到了类似于"一晚上都不让人好好睡觉,要个不停"的状况。

我闻听此言,张大了嘴巴,又赶紧把手托住,努力不让下巴出现异常。

还好理智告诉我,这其实,毫不奇怪。佛罗里达大西洋大学(名字有点怪,但绝对不是唐骏拿学位的那个西太)有一位专门做婚恋心理的托德·沙克尔福德(Todd Shackelford)教授,此人非常热衷于研究婚姻中的不忠,曾发表论文探讨过男人对十有可能出现在伴侣身上的背叛会采取什么态度。通过对194名志愿者的调查,他和同事发现,在和伴侣分开一段时间以后,男人往往会觉得:第一,她比以前更吸引人了;第二,其他男人也认为她更吸引人了;第三,更想和她上床了;第四,她在床上也性致高于以往了。教授

对此提出了演化方面的解释,此乃生育竞争在身体内埋下的隐形机制,男人必须用一些实际作为来保证自己的生育权。对应到生理上,则体现在生殖器运动幅度的加大,以及射精时精液量的增多、精子浓度的升高。"小别胜新婚",说白了也是同理。

所以,女友丈夫的表现完全可以理解,只不过在非常时刻启动了他的这个机制而已。

问题是,怎么办?

"之前已经想好了和他摊牌,然后好聚好散,但现在,不知如何是好。"

乖乖,这就是效果,你还说男人的蛮力没有用?

作为局外人,我必须老实不客气。"你享受吗? 还是,因为同情和内疚? 如果是前者,就无妨继续享受下去,一切顺其自然;如果是后者,就用不着委屈自己。"

她突然颜展,不可遏制地笑了起来。

"我想我蛮享受的,我还想知道能继续享受多久。"

所以,你看,真的不必急着做决定。

如果在冬夜，我就是那旅人

直觉是一种古老的保护系统，
它告诉你最平常的规律，很少能被打破，很少。

　　我记得，那年冬天特别冷。背了个包，想也没想就去了大连。和上海不一样，那里有相对安静的气息以及一片空白等着我。晃晃悠悠待了三天，咖啡馆、游戏厅、电影院，异常地无所事事。觉得也就那样子了，天寒地冻没愿望看海，于是准备继续向北。偶然间心念一动翻了下电话簿，觉得还有必要联系一人。

　　老友Z君在那头说，你过两个小时过来，我去买菜。

　　一听我就忍不住笑起来，觉得这浪荡子着实不像能下厨这么回事，三年前短短共事的大半年里亲眼目睹他换了三任，平常结伴去club时，也总能听到他来几句若有若无的暗示。极漂亮的男人，奈何并非我的菜，后来疏远了也就没啥瓜葛。可是，唉，让我说什么呢？世上总有惊异在发生，每时每刻。

　　Z果然围着围裙，一圈小菜做得十分销魂。他把家中起居室里的一块地儿辟出来放了张像吧台般的桌子，晚餐后我们就各据一边，开始闲聊。意料之外、情理之中的是，他果然已经婚了，太太是媒体高管，这几日出差中。"我看得出来，你正在失恋。"他手指着我，一语中的，"所以，你的问题是什么？"

　　"也许我只想维持在朋友的……但是，你知道，突然间没把持住。"

"然后呢?"

"我还在犹豫,他已经退却。"

亲爱的读者,你没看错,唐纳薇其实就是这么青涩,一路碰壁和跌倒走过来的,也曾试图怀疑、挑战一些古老的规律,但一再被现实无情打击。若干年过去,爬起,那些便都成了故事。

Z当时肯定是笑了笑:"可见你还不舍,但为何不再试试,努力一把?"

我接不上话。他换了杯酒,呵呵地说了一声:"我和太太也是这么回事,后来觉得很好,就不拧什么了,领证,彼此收心。"

事实上,我在脑海中回忆以上画面的时候,眼睛正掠过一段社会学报告。来自爱荷华大学的安东尼·佩克(Anthony Paik)教授访问了642名异性恋成人,发现56％表示自己是等到彼此认真地交往一段时间后才和伴侣发生性关系的,而其中多数人在回答问卷中"表现出的状态"时,认为和另一半相处得很美好。那些以鱼水之欢为先行的将就将就,则少有产生出真爱,对关系的满意度和期望值也都很低。

这位教授没有完全否认那些初见下就激情失控身心俱付的情侣,他们中不乏有人走到了一起。不过,危险因素是,原先就性伴侣过多的人基本上不在此列,他们身上很难发生认真的恋情,而比较倾向于一次次地和未深入了解的异性即刻发生性关系。这两个因素是互为因果的:有过草率型的性经验之后,女性出现多伴侣的几率提升了 44%，男性提升了 25%。戴安和我描述过她的一位同事，原是对爱情充满幻想的女子，有一年在旅行中遇见位帅哥，她以为出现了生命中的白马王子，然而旅途结束后对方却失踪了，女孩寻了半年也得不到结果，从此自己也性情大变，对爱再无信仰。

生活中如同这对 Z 优俪一样的美好例外着实不多，你可以说，这个世界有一种惯性，那些孤独的人——包括你，也包括我——都在不可制止地滑向黑暗，离最初面目越来越远。

之后我没有再去过大连，当夜暖暖的酒却一直留在了血管里。送我出门前 Z 拨了个电话，与那头轻言细语，又回过头来对我说"她问你好"。

直至今日，我仍深深地祝福 Z 和他的妻子。

Chapter

III

论·关系

　　人类其实算不上绝对的一夫一妻制物种，离婚率和婚外情就是最好的证明。而且，异卵双生的双胞胎偶尔会有两个父亲。但人类也不是疯狂乱交的生物。有些人对自己的伴侣终其一生也保持忠诚，只有为数不多的人拥有或者承认自己拥有数千个性伴侣。

　　对于大多数男人和女人而言，婚戒并不能说明什么。真爱难觅，它只是让人难以捉摸的各种生物力共同作用的结果。产生一夫一妻制的原因有很多，但你会发现，只有在疯狂的情况下（互相毁灭理论提及的条件下），才能觅到真爱。

——生物学家奥利维雅·贾德森《性别战争》

既世界如斯残酷

被护得太好，必定玩得不转，
故事到一半，小红帽就要被大灰狼吃掉。

在一堆女朋友中，我有个很强的论断，就是姑娘家应当于18
岁之前把《欲望都市》和《绝望主妇》什么的都去看过一遍，而18岁
之后就少碰这么彪悍的题材，多去看看纯爱啊、童话啊之类的。

"我不是教你诈，亲爱的各位，"每每聚会，就这个话题我总是
需要不厌其烦地一再申明，"如果将来我生了个女孩儿，一定是这
么教育来着。"

一开始她们给出的反应当然是众皆喷倒，充满鄙夷的眼光齐
刷刷看过来，嘘声一片，"未来的酷妈，你也太没谱了，给个理
由先。"

生而为人，两性关系是这条说长也长、说短也短的路上必修之
重量级课程，它的终极难解程度无论在社会学家还是心理学家看
来，都不亚于数学家眼里的**黎曼猜想**。而对于普通人，在这一生之
中，要做的并非找到那些未知的解，而是掌握已知的步骤与规则，
借鉴前人的经验便显得十分重要。一个屏蔽良好的成长环境，如
果不让接触真实世界的复杂规则，则开始进入之时往往玩不起，玩
得吃力乃至崩溃。对于女性来说，这一点尤其要命。现实无数次

地验证,道德上无可挑剔的女人在婚姻中往往极度不幸福,她的好非但无助于增进亲密度,反而会成为对方的压力乃至逃跑的理由,可怜一个个好女人"死"得不明不白。

免疫学上有个"卫生假设",道理大体与此相同,指的是生长在过于干净环境中的婴孩,长大后发展成过敏体质之几率就会较大,因为他们远离绝大多数细菌的同时也无法获得一些能够帮助身体抵御感染的细菌。这很可能是现代社会各种过敏症越来越常见的主要原因之一。

有位聪慧过人的姐姐,如此评判我年轻时候一段极其不愉快的感情纠葛,她这样说:"曾经我很有可能就是你了,但比你稍稍幸运一点,没有陷进去,因为当时我记起了父亲告诉过自己男人到底有多坏。"

我们无法回避的事实是,身处演化至今的人类社会,任何事物都在抽离它牧歌田园时代的美好面目(即使那个过往曾经的田园也仅仅是假象),而变得像一场身不由己的游戏。来自伦敦大学的罗伯特·西摩(Robert Seymour)等人在《理论生物学》(*Journal of Theoretical Biology*)的期刊上发表过一篇耐人寻味的报告,一语道破了人类择偶的实质与无奈。这些好事之徒平常工作是以计算机模型研究各种大型社会关系,某天却突发奇想,把该模型改造成了一款两性对垒的电脑游戏,以博弈论的方法来检验其中的男女角色如何建立伴侣关系。身为数学家的西摩原话是这么讲的:人类的求偶过程,举例来说,会包含一系列的正餐约会、戏剧观赏和其他形式,持续数月乃至数年之久,其中一位——通常是男性——往往会在财务上承受更多,但对于双方而言都是时间上的付出,那么为什么人类以及其他某些动物不采取最快速的方式来减少付出呢?

所以,有必要认真考察这样一个不快速的过程有啥好处。

这个博弈过程最终被证明了一个无法规避的原则:只有足够长的时间尺度才能使双方都获益,快速融合是没可能的。因为,女性须通过过程来和自己的需求作比较判断,男性须通过过程来反复证明自己是否合格。太古老的结论,不是吗?但它揭示的却不啻某种含有真理成分的事实。对,你需要技巧、需要斡旋、需要城府,来赢得最后的胜利。

倘若你 18 岁时还只不过知道《茜茜公主》电影里那一套,我不觉得你能胜任这次对抗。

但,或许有人接着问,为什么要成年后去看童话与纯爱?

那是因为,我美丽优秀的姐妹们啊,在知晓部分真理的前提下,我们不应该拒绝更多真理,爱情之所以成为爱情,便在于它除了像一道难题,也会像一场休憩。如前所述,破解的任务与我们普通人无关,赢不赢又有什么重要? 就这样,接受世界原本的设定开始上路吧,投入的勇气多不多,才决定你有无快乐的能力。

黎曼猜想

　　德国数学家黎曼于 1859 年提出"黎曼猜想",1900 年另一位德国数学家希尔伯特将其列入了他所提出的 23 条问题中,与"哥德巴赫猜想"一起组成了这个榜单上的第 8 号问题。它是数学中一个重要而又著名的、迄今仍未解决的问题。

调情在微博时代

穴居时代,男人花点力气把女人扛回山洞就可以了。
换到当代,他们则变得需要花点力气学讨好之术。

在这个饭局上,我不得不小心翼翼,左边挨着一位哲学系出身的美女,她带来一位搞生物演化的博导。而右边一女正是眼下的网络红人,每天早上起来发一声咳嗽清清嗓子在网上都是一呼百应的那种。菜式是粤菜,清爽精细,一边品一边聊,话题先是工作,继而国家大事,等到静候甜品时,已经义无反顾驶向了男欢女爱。

不消说,爱情八卦,乃有史以来最伟大的社交润滑剂。

话题伊始,生物教授颇为不满我对刚结束的一段恋情的描述,指出其中犯了机械唯物主义大错。"姑娘,按照你的说法,是对方对你细腻的一面没有呼应,喜欢直奔主题,然后你就直接下了结论,认为雄性自低等到高等都是目的性太强的动物,并且举一反三,说男人个个如此。"他痛心疾首之余,循循善诱起来,"可是你有没有想过,人之所以为人,便在于他不同于动物之处,那些远古的习性经过了现代社会的调教,早有了很多变异,你没有去探询那些可能性?"

网络女红人原有些漫不经心,听到此话却一个激灵,放下汤勺要求发言,"这苦恼我先前也曾有过。交了木讷的男友,发短信经常要 12 个小时以上才回,从来不记得我喜欢抹茶蛋糕和紫色内

衣,有一次还记错了我的年龄。"

哲学美女颔首微笑,"我似乎也遇见过同样的问题,曾经试图用柏拉图去解决它,最后还是交给了叔本华。"

想来任何女人在这种情况下,都会"连杀人的心都有了",却看网络女红人如何应对。

"第一个想法是把他踹掉,奈何这家伙确系我非常中意那一款,不舍得轻易放手。"

幸好,正当进退两难之际,有朋友犹如天使降临,雪中送炭提醒她:与恋人缺乏互动,只有通过变更调情方式来改善,这是个"to be or not to be"的问题,不然就只有分手一条路可走了。醍醐灌顶,她遂努力就两人之间各种可行性做起考察。

调情,在一段关系中的作用举足轻重,我想这是有必要一而再再而三提醒所有人重视的话题。一个懂得调情的情人,多年以后也会让对方念念不忘,而一个对调情不得要领的前任,不用多久就会在脑海中面目全非。作为最令人迷惑不已的人类行为之一,它是社会关系日益复杂的年代必须要去学习的技术活。穴居时期,交配不需那么麻烦,男人花点力气把女人扛回洞穴就可以达到目的,女人也差不多碰到哪个就哪个,从也得从不从也得从。然而,随着群体数量的扩大和交流方式的拓展,两性都有了更多择偶空间,如此便增加了关系中的不确定性。具有孕育后代能力的女人,希望获得一种不冒失身怀孕之险去检验男人是否可靠(能与自己一起抚养后代)的途径,调情由此而生,它拉长了性到来的那个过程。谁都知道调情使人愉悦,女人更可以从中获得被重视的感觉,自然愿这个过程越长越好。但事实上,除了少部分"唐璜式"人物,很少有男人能保持最初那股劲头一调到底。不怨他们功利,据爱荷华大学神经病学家安东尼奥·达马西奥(Antonio Darmasio)博士称,调情其实很辛苦,对于大脑来说,告诉你我"那人很迷人"的区域处于**边缘系统** ——它掌管人的情感——在调情中经常处于失控状态,犹如经历一场脑损伤,很是厉害!所以,木讷很可能是男人身上的一种保护机制。

网络女红人最后发现,重新让男友拾起热情的地方,是Twitter(推特)。当他们彼此 follow,每天自然而然获得对方讯息,机智轻松地回应或分享,而不用费心去专门询问一些鸡毛蒜皮之事,这才发现调情可以如此简单。一句有意无意的话,能带来很多浮想联翩,不管它是有关于嫉妒、渴望或是拒绝。互联网,作为全世界最大的"调情实验室",让这门技术活的门槛降低了,也进一步改变了它的角色任务。

"我经常觉得能够占有他的精神世界,哪怕只一小会儿,"她深情吐露,"虽然他仍然搞错抹茶和芝士、紫罗兰和玫瑰红,但也会突发奇想,在我上传的照片下,用摩斯密码打一句'你真美'。"

TIPS

边缘系统(Limbic System)

指包含海马体及杏仁体在内,支援多种功能例如情绪、行为及短期记忆的大脑结构。limbic 源自拉丁文 limbus,意指"边界"或"边缘"。

以下是被考虑列入边缘系统内的结构:

杏仁体:涉及指令刺激性的重要皮质刺激,例如报仇及恐惧。

海马体:是形成长期记忆的必要部分。

旁海马回:以形成空间记忆为主,并为海马体的一部分。

扣带回:调整心跳、血压,以及处理认知及注意力的自律功能。

穹隆:把讯号由海马体传至乳头状体及中隔内核。

下视丘:影响及调整心跳、血压、饥饿、口渴、性刺激以及睡眠节率。

丘脑:大脑皮质的"中转站"。

以下结构偶尔也会被视为边缘系统的一部分:

乳头状体:对于记忆的形成甚为重要。

脑下垂体:分泌荷尔蒙并调整体内平衡。

齿状回:被认为是建设新记忆及调整快乐的因素。

内鼻皮质及梨状皮质:在嗅觉系统中接收气味投入。

嗅球:负责嗅觉感觉的输入。

伏隔核:负责报酬、快乐及上瘾的功能。

前额脑区底部:对决策甚为必要。

——来自维基

下一战，幸福

爱一定是以付出代价为前提的，
任何渴望得到结果的事物皆然。

荷马史诗中，英雄奥德修斯奉命出征，以木马计搞定了特洛伊城后凯旋，孰知返回希腊途中却屡遭羁绊，好不容易挣脱重重阻碍讨得一条命来，进乡之际，却是愁肠百结，因为故国臣民们宣扬他已经死去，觊觎他妻子美貌的人正把家里塞了个满。奥德修斯自己也觉得雾里看花、不明就里，迫不得已使出一招"扮乞丐"，潜进去打探清楚妻子没有变心，才撤下面具与其相认。

每每和闺蜜们聊到这个故事，我都会感慨万千，做英雄是有风险的，不仅有可能死在战场上，还更有可能被人趁火打劫骗走了老婆，是份吃力不讨好的苦差事。但有意思的一点是，古往今来，无论什么样的乱世末年，前仆后继去冲锋陷阵的还大有人在，不能不让人啧啧称怪。闺蜜们纷纷迎合，说此问题着实让人十分困扰：从表面看来，避而不战或者在战争中弃甲而逃，未尝不是一种更好的生存策略！这部分人就能回家娶妻生子直至子孙满堂了呀。但按照这个逻辑，逃兵的基因应该有机会更大程度地取代勇士的基因，则若干年后，世上将不再有勇士，英雄从此只是个传说……

有人悠悠叹出一口气："唉，我那从小被武侠小说毒害了的心灵，只想嫁一个萧峰，如今却整了个游坦之，只能独自对着电脑看

《银河护卫队》，真是时代的选择啊。"

　　这便扯出一个话题来，即利他基因或利他精神的存在，到底是为了什么？利他，作为和自私相对的概念，指一个人能够做出自我牺牲去为同伴谋福利，关键时刻更要搭上身家性命。这玩意儿高尚得一塌糊涂，但对人有好处吗？我的回答是：有，而且很重要。

　　几年前，有斯坦福的演化生物学家对此感兴趣，曾创建了一个电脑游戏模型加以探讨。两位研究人员劳伦·莱曼（Laurent Lehmann）和马库斯·费尔德曼（Marcus Feldman）选取的情景是战争，假设角色身上有种极端的利他基因和斗争精神是绑定的，然后将这些基因随机安插在个体中，并允许他们分别组成团体，相互交战、互为影响。游戏过程中，大部分中坚战士都会战死，但生还者将被允许占有其所征服部落的女人。换而言之，他们身上勇敢和好斗的特征将通过征服所获得的利益而被充分传播。计算机演算显示，即便一个部落只剩下 50 个男性和 50 个女性，这一传播过程依然还在延续。

　　以上实验，可以部分地解释，为什么愿意为他人作出牺牲的战斗基因会在人群中永不没落，它们的生命力之强实在是不容任何小觑。

　　无数令人哑口无言的史实亦证明，人的"利他"特质，作为一种保家卫国的手段，能最大功用地在和谐社会里发光。而对两性关系而言，它更是"宁愿自己受苦也不愿心爱之人受苦，宁愿牺牲自己也要让对方达成心愿"的美好奇妙品格,可以铸就不少如梦如幻的桥段,既丰富了文艺生活,也拓宽了现代人幻想的尺度。

一份 2010 年的社会学调查也许会让许多人感到异常欣慰,统计数据证实:在那些已婚人士之中,当问及幸福与否,具有利他特质的人比不具有这一特质的人回答"是"的可能性要高上十七个百分点。这无异于在告诉你我一种对婚姻关系来说非常正面的态度:倘若你选择像英雄一样去承受,回报就是高于常态的欢乐。所以,试想奥德修斯撤去伪装那一刻,内心的狂喜肯定不下于特洛伊人打开木马的瞬间。嗯,真是人生至高体验!

唯一让我沮丧的事实在于,这份调查也指出,就女性而言,家庭主妇的利他分值高于职业妇女,所以她们的幸福感也比后者来得强烈。鉴于我迄今看不到金盆洗手隐退江湖的一天,就只好低下头仍然继续一个职业妇女的自私生涯了,不快乐地,宛如杜拉拉状,自己 high。

花花了眼

在那些短暂的、频繁的、无根无由的邂逅中，
大脑已经厌倦说"是"或"不是"。

有一次，深夜搭地铁末班车，同行的莫扉小姐是个户外爱好者，皮肤黝黑，有一双健硕的长腿和永不知疲倦的充沛精力。刚跨进车厢，就听到她惊呼一声，箭步冲上前去和个穿绿色休闲装的男士碰起了拳头，同时转过来招呼我："来来来，见见我们队长。"

该休闲男是她五年前待过的户外俱乐部的头儿，几分钟后靠站即下了车，我只来得及和他寒暄了三句（事后发现，连名字都没有记住）。这个时候无比奇妙的事情真正发生了，很快又上来一个格子衬衫男士，冲着莫小姐大喊了一声："嗨，莫莫！"被喊之人惊愕三秒钟，再次举起了拳头，和他对撞了一下。然后她表情异常复杂地对着我说："纳纳，介绍一下，这是我的上一个队长。"

这个队长看上去比那个队长瘦一点也帅一点，不到十分钟，我们到站了，挥手道别。

事实上，随着和莫小姐的聊天逐渐深入，我了解到她玩户外的七八年来，早已换了 n 多俱乐部。我甚至怀疑倘若这地铁一站一站开下去，即便不遇见第三个队长，也会遇见其他队员。

"听起来，像某种形式的'八分钟约会'？"

她眨巴了一下眼睛，做了个"是"的口型。

"你是一早做好打算用这种方式不停经历呢？还是，真的没有遇见让自己动心的人？"

"有遇见过不错的，可是，彼此都没有给对方深度了解的机会吧，生活和变化都如此匆匆。"

我不由想起刚刚自我俩面前消失的休闲男和格子男，竟已经完全没有对他们说过什么或做过什么的印象了，这真是现代交际的悲哀……

现代爱情故事也是复杂网络下各种元素互相碰撞而发生的一种急骤反应，纷呈万象，让尘世男女眼花缭乱，置身其间难以分辨。爱丁堡大学心理学家艾利森·伦顿（Alison Lenton）、埃塞克斯大学经济学家马克·弗朗西斯科尼（Marco Francesconi）两人考察了84个类似"八分钟约会"的商业项目，涉及对象多达 3700 人以上，发现这当中颇有一些令人深思之处。比如，约会的规模直接会影响择偶的质量，而且，越多人参与的约会，最后达到的效果越差。

据统计，在小型场次（每人 24 个回合以下），参与者在其中会通过较深入的交谈、较细致的观察，来考量对方的外在以及内在，除了注意他或她的体态如何，长相顺不顺眼，还愿意花时间去了解对方的学历、见识和价值观。但是在那些 24 个回合以上的场次中，这种呼应几乎就荡然无存了，参与者们一律开始"简单、粗暴、直接"地以美貌或英俊与否来快速地判别要不要与对方进一步交往。

教授们指出，显然我们在挑选另一半的时候，不会像去超市里

买巧克力那么无所谓,正常人好歹还是会花上不少心思的。但必须考虑一点:我们那通过演化修修补补而来的大脑,说到底还是有一套系统规定参数来限制的——在一定期限的时间里,能够保证投入的注意力只能那么多。而在太多变化扑面而来之时,你无法苛求它每一步骤都处理得那么漂亮。外表是最容易搞定的信息,所以,非常不幸,越忙乱的状态下我们越倾向于仅仅用它去做一些快速可行的判别,而忽略了其他重要信息。那后果,基本上并不怎么如意,这和一只猴子在苞谷地里怎么也找不到它觉得好的那个苞谷是同一个道理。

TIPS

八分钟约会(speed dating)

最早起源于犹太人的一项传统习惯,年轻单身男女定期在长辈陪同下见面,以免族外通婚。1999 年,美国洛杉矶的犹太教成员 Yaacov Deyo 制定了此项约会游戏的具体规则:每次参加人数多为 16~30 人,男女各半,轮转交谈,时间为 5~8 分钟,最后每个人在一张标记着所有异性编号的卡片上选出自己愿意进一步单独约会的对象。很快,这种方式迅速风靡了全世界。speed dating 在中国有很多种译法:8 分钟交友、快速约会、闪电约会、速配、集体约会,等等,较为流行的叫法是"闪约"。与传统相亲相比,它更像是以交往为目的的单身派对,选择对象更多,不用当面明确表达接受或拒绝,这样,即便失败也不会感受到太多负面情绪。不过"八分钟约会"也受到了一些质疑。

你是他的快乐一种，而它是另一种

游戏无极限，即使你男友花在那上面的
时间多于花在你身上的，也随他去吧，不要试图扳回了。

N 多年前萌动我心的动画片《太空堡垒》里头，一位地球军官无可救药地爱上了一位外星女人，非因她美貌，亦非因她温婉，而因为她能和自己对打几天几夜的电子游戏毫不疲软。放眼地球，竟找不到这种人间罕物，于是不顾一切阻力飞身扑上，要和她厮守一辈子，最后破除了种族间的隔阂分裂，天崩地裂地在一起了。

动画片当然是用来 YY 的，有群众基础才是情节的由来。长大途中，久而久之发现，在我许多位男性好友的梦想里可能都有这样一位外星辣妹，她驾着飞碟停靠在自家阳台旁边，姗姗走出，接过操纵盒（落到现在更是横行天下的 wii 手柄，或者更高级一点的 kinect），和自己共赴一场昏天暗地的厮杀，末了，开始谈情说爱。

但现实中，一个个有点年岁阅历了、都还算安静地厮守着另一半的男人们可没那么浪漫幸运，须一边努力支出陪同逛街的时间，另一边独个儿躲进书房里扮演战神或叱咤风云。他们也会愁眉苦脸地找我问：你且说，为啥女人不要玩游戏，却要劳民伤财地上街血拼，要么就是在淘宝上败家，难道，你们不知道游戏有多么可爱吗？

由于我善良的天性被他们撩拨，遂忍不住决定稍微启动一下引擎,帮助这些苦闷的哥们儿消解消解。要知道,大千世界,研究啥稀奇古怪问题的都有,更何况这种关系到大部分男人内心不满的雷鸣般的发问呢。

关于男人和女人在打游戏中表现为何如此不同,其实早有人思考在先。斯坦福医学院的精神科专家艾兰·赖斯(Allan Reiss)曾经招募来 22 名年轻人进行检验,男女各一半,具体设置是让他们去玩一个 24 秒为间隔的游戏,并用仪器检查大脑中各区域的活跃状况。游戏画面于屏幕中间设置了一块板,在这 24 秒期间,玩家需要用鼠标去点由屏幕右边向左边移动的小球,点中一个,板就会向左移动一定距离,点中的小球越多,他在右边赢取的疆域也会越大,但是倘若球撞上了板而未被点中,game 就 over 了。另外,这里面还设置了一个窍门,就是玩家越让球接近板再去点它,获得的分就越高,不过在开始的游戏说明里面,研究人员故意没有告诉他们这一点。

实验开始以后,玩家无论男女,都能够很快地发现窍门并加以应用,双方表现绝对不相上下。这一点充分说明,女人玩游戏时并不会在涉及智力水准的环节上处于下风。但仪器也明显地观察到了,男人大脑中的"奖惩回路"以及"成瘾回路"比游戏所获得进展激活的程度高出许多,因此他们更专注,更执着,也更在意得失,在整个游戏过程中显露出不顾一切的势头想要拓展疆域。

结果显而易见,最后他们也的确会获得更高得分,在想象中,

把大片的城市收归己有。

因此我一般选择这样的方式回答前来讨教的哥儿们：亲爱的，你天生被赋予了去摧城拔寨的使命，但没劲的是，已经现代化得过于彻底的地球上没有那么多山寨城堡可以攻打，所以只好来虚拟的啦。可是我们呢，尽管看到了疆域国土的重要性，却考虑到倘若家中细软不打点好，你也没法安心上马，所以还是选择了待在后方。

对于那些跑来和我抱怨"我家男人每天就知道和游戏缠绵，都不碰我了"的女性朋友，我也准备了另一套说辞给她们：亲爱的，人的大脑中有两套赋予喜怒哀乐的"**奖赏回路**"，一套是基本的，关系生存繁殖的食与色，这套回路解释了他为什么会和你在一起；另一套则提高一点，促使他去追求其他刺激，比方说啦，飙个车，玩个极限，但那都要经济支撑呢，最省钱的，还就是在家里打个游戏。

TIPS

奖赏回路

　　人的大脑中特定通路的激活会让人产生最为强烈的愉快感觉，这个通路叫做内侧前脑束，它从网状结构开始，相继经过背盖区、下丘脑的外侧，进一步与核聚体、杏仁核、隔膜、前额皮层和丘脑连接，构成了所谓的奖赏回路，包括的核心脑区是腹侧背盖区和核聚体。

聪明者被爱

全球的经济状况仍然堪忧，所以说，
女强人们，眼下正是你们机会大好的情形啊。

"请叫我 M。对，M，弗烈兹·朗有部电影就叫这个名字。"

掌了法兰克福大学经济学博士归来的她，同我在某威士忌品牌的新品展示会遇见。由于各自带来的女朋友是认识的，正互相颔首致意着，所以我和她也非得认识一下不可了。这个女人发式前卫，身材修长，自我介绍也堪称特别，一眼就看得出不是凡人。

三十又三岁，在"四大"位居要职，智商 142，门萨俱乐部成员，会讲五门外语。

"从小，我就被老师们当作典型天才来培养，20 岁之前的理想是拿诺贝尔奖。"

相信 M 说的一点没假，因为她刚刚不费吹灰之力解决了两个脑筋急转弯，并且帮我算了一笔投资收益，速度之快令人咋舌。

M 是本世纪初离开中国的，欧洲混一圈，八年后毅然决定回来，原因在于"实在喜欢不起来那些异族男，还是希望生个娃娃黑头发黑眼睛"。然而稍稍有些扫兴，因为亲友一见面就暗示——你太聪明了，回来以后想找人结婚甚至只是谈谈恋爱都有点难。关于这条不美妙的赞美，我表示理解，当今社会，一旦你学历、收入高了一点，见识、智慧多了一点，就很可能成为"天鹅"。

123

"天鹅",即英语 SWANS,是英文 Strong Women Achieve No Spouse(女强人没伴儿)的缩写。不知道从什么时候开始,我身边汇集了一众这种高贵而悲壮的生物,热点话题经常集中于"IQ 和幸福是不是一定成反比"之类,而且她们每人都是一个活生生的案例。

不过 M 不悲观,也不准备悲观,她认为至少在西方国家,这问题已不那么严重了:"你知道吗? 社会心理学研究发现,现在的男人比以往任何时期都重视伴侣的头脑。"

M 引以为证的是一项来自美国爱荷华大学的持续性婚恋态度调查。这项调查以十年为间隔,追踪一些社会阶层人士的择偶条件随着时代发展而产生的变化。调查限定了 18 个特征词语,要求参与者根据自己认为的重要程度进行排序。1939 年,"聪明"这个特征被男人们排在第 11 位,而七十多年后的今天,它跃升到了第 4 位。此外,得到重视的还有"可靠"、"情绪稳定"、"成熟"等。值得注意的是,"经济前景良好"如今排在了第 12 位,而 1939 年是倒数第 2 位,1967 年的调查中甚至列在了末位。

智力以及其他一些用来适应、改变环境的品格,统统可以归入能力。到底什么样的年代需要女人具有较突出的能力呢? 遥想远古狩猎时期,资源匮乏,食不果腹,女主人的个人素质往往影响乃至决定家庭的存亡,所以男人选择伴侣时,很有可能更多考量对方是否有足够本事帮助自己,这个演化痕迹也一直保留着。比如,我确实很快想起了一条佐证:"据说在当今粮食短缺国家,粗腰女人嫁得好,因为**腰/臀比**大意味着这个女人体内的可的松水平高,这是用来对抗压力的化学物质。"

讨论到这里,M抚掌大笑:"那不就对了嘛,眼下,就是生存压力重重、需要找人共渡难关的萧条年代。"

TIPS

腰臀比

腰围和臀围的比值,计算方法是以髋骨上方的腰部周长除以臀部最宽处的周长。科学证据表明,腰臀比是女性雌激素水平、肥胖风险的反应,也是糖尿病、卵巢癌和心脏病等重大疾病易感性的重要指症。女性的理想腰臀比是 0.7,男性的是 0.9。男人不仅会把女性的腰臀比和健康相联系,还会将其与生殖力挂钩。

朱丽叶的生理周期

那不单单属于让人将信将疑的传说，
也属于让人百思不得其解的大脑谜题。

　　有一本叫做《如何快速忘记他》的书，M在回本埠的飞机上翻了十分钟就恨不得从飞机上扔下去，最后一出机舱就让它快速消失在了机场的垃圾桶。

　　"完全是胡说八道，"她在出租车上开始给我打电话，"里面最低级的一句是，'所有和浪漫爱情——比如一见钟情——有关的想法，都是不切实际的'命中注定'或'你是唯一'之类错误观点所导致的，你只要还抱有这些幻想，就不会获得真正的成熟的爱情以及幸福。'能写出这种话的人一定是个老虔婆。浪漫是高贵的、可贵的，这个作者也太low了，竟然这么亵渎！"

　　出版商和作者的目的不外乎是赚钱，这种和欧巴桑们保持一致的腔调，在世俗世界里一定非常work，可以规避很多头破血流的生死恋事件。我想在老虔婆问题上，自己和M看法绝对高度一致。但对她提到的最后一条持保留意见，"说浪漫是高贵的，好像没有根据吧？"

　　"浪漫"这玩意儿，说穿了，不过就是一种粉饰过的生理反应而已。你别不相信，且我说来。

美国达特茅斯学院心理学及大脑科学教授尼尔·马克瑞
(C. Neil Macrae)曾以实验来检验"一见钟情"背后的生物学意义
何在。实验分为两部分:第一部分是让一批女性志愿者一边观看
100 张脸(50 男 50 女)的照片,一边辨认它们的性别;第二部分则
要求她们为快速出现于屏幕上的许多脸按特征归类,确定哪些有
男子气概,哪些不那么阳刚。之后结合这些女性的生理周期分析
了搜集上来的回答,发现一个有趣的现象:那些处于排卵日及接下
来几天的志愿者在两个回合中的成绩都非常好,能够迅速而且准
确地作出判断;而那些处于例假头三天的志愿者成绩是最差的。
实验设计者解释说:通常来说,吸引异性的**第二性征**的明显与否,
会反映出一个人的生理状况,如是不是有更好的免疫能力和其他
环境适应性,这是物种为了保证有效求偶而演化出来的。与此对
应,另一个性别也会在大脑神经中具备一套识别机制。对于排卵
期的女人来说,她此时的激素水平非常适合她更好地运用这套机
制,而一旦转换到求偶欲最低的月经期,她才懒得去费那个心思呢。

由此可以推导,女人会有一个"一见钟情"高危时段,我们不妨
假设,朱丽叶第一次遇见罗密欧是在排卵期。倘若那时候她处于
月经期,后来的千古悲剧没准也就不会发生了。

另外,因为男人没有生理周期,所以研究发现他们任何时段识
别女性特征的能力都差不多,比如永远觉得细腰丰臀是具有女人
味的象征,一眼就盯上了。

你可以想见，M听得以上一番话该有多么倒吸一口凉气，她沉默了3分钟以上，然后说："我终于明白了，你就是老虔婆的升级版本。"

"我只是提供了一种解释而已。还有个解释认为，一见钟情是自我映射的表现，因为大多数人都会认为对方对自己先有意，也就是说，在自我得到肯定和重视之后才作出回应。"

"不反驳你的说法啦，但无论如何我还是认为，坚持浪漫是高贵的。作为一种会让资源消耗增大、并且导致部分易激个体死亡的行为方式，它一直没有被人类抛弃，这本身就是值得我们骄傲的。"

那天请M吃了日本料理，难得一个学经济出身的人，把选情人和选股票的性质分得那么开，这一点值得我为她骄傲。

TIPS

第二性征

人类在青春期以后出现的某些身体变化。

男性表现在：阴毛、腋毛，部分人在胸部和腹部亦会长毛，身体其他部分（如四肢）会有较长的汗毛，面上长有胡须；肩膀和胸部较阔，较重的头骨和骨骼结构，肌肉质量较大，及有较大的力量；喉结突出，声音沙哑低沉等。

女性表现在：阴毛、腋毛，脸部比较少汗毛；乳房变得丰满，出现有功用的乳腺；盆骨宽大，较多皮下脂肪，主要积聚在臀部和大腿，嗓音尖细等。

与生活和解

那些美丽而忧伤的日子，
我一个人度过，直至失去对它们的感触。

　　早晨起来，我通常会先喝下一大杯咸豆浆，然后开始收邮件。嗯，两者同属生理需要，豆浆能提供**雌激素**替代品，而邮件有助于催产素分泌。PS,**催产素**是使人愿意花时间聆听别人倾诉的一种化学物质，单单这名字就知道它在女人身上比在男人身上多，当你暗自垂泪抱怨 BF 或 LG 又没有听完你今天的那一点小情绪就鼾声大作的时候，其实不如找支注射器往他的脉管里释放一点那种物质，效果定然会比抱怨好得多。

　　BTW,因为这个常识，我对连岳先生的某种精神除了惊异，就只有敬意。私下根据他的案例我还得到了一个结论：敬业和涵养会起到类似于催产素的效应。当然这绝非放之四海皆准。

　　言归正传，大学同窗 Elaine 的邮件在这个清晨第一时间就跳进了我的眼睛里。这丫头自从去英国后，四年多没联系过任何一位旧交，我们几乎以为她嫁到了某座城堡里，从此销声匿迹颐享大年，但感谢上帝，她终究还知道怎么用互联网找到我。

　　这封从谢菲尔德郡传过来的来信以词藻动人而深情款款的中文写就，并且愉快地通知了我也许我俩很快会迎来四年后的第一次会面。诚然，如我所料，在已经从时间轴上消失的五十二个月

里,Elaine 的人生写满了精彩纷呈的游历和情史,和各种古老的文化发生碰撞激荡,和各国英俊的帅哥从邂逅到相爱到分离。"令我无奈的是,"她写道,"每一段恋情最多只有不超过半年的寿命。"

需要强调一点,Elaine 并非那种所谓的"恋爱女王",在与我一同经历的那段岁月里,她清高美丽、郁郁寡欢,尽管追求者甚多,但从不轻易答应异性邀约的晚餐。而每次当她进入一段恋情,也总是来得快去得快,迅速得几乎像没有发生过一样。

作为一例典型的"回避型人格"在恋爱中屡战屡败的表现,这么多年过去了,她始终没有任何改变。

20 个世纪 80 年代,丹佛大学的心理学家辛迪·哈赞(Cindy Hazan)和菲利普·谢弗(Phillip Shaver)提出,成人之间的爱情可理解为一种依恋过程,这个连结的建立就如同孩子和父母建立连结的过程一样复杂。调查发现,在现实中,25% 的人会在恋爱或婚姻关系中处于一种逃避依附状态。他们不会对与对方相关的问题作深刻讨论,也不愿意使用过激的比如"分手"这样的词语,平常看来并无大碍,和和气气,然而,这样的人很可能就会在某个清晨不告而别。具有鲜明逃避依附特点的人,往往不喜欢身体和情感上的亲密关系,压抑着真实情绪和情感,在自己承受压力时很快转向对他人的拒绝。

"逃避依恋型人格"的形成,被认为和早期经验有关,不论性别。一位朋友曾经在餐厅的饭桌上给我讲了四个小时她遭遇到的种种该类型男友,这位巨蟹座姐姐用大爱情怀容忍了他们不近情理的冷漠长达十余年之久。她说,根据心理学理论,婴儿啼哭时,倘若母亲多采取置之不理的态度,成年后就倾向于变成这种人。他们对恋爱关系的描述是:接近其他人让我觉得不自在,我感到很难完全信赖对方。

与逃避依恋型相对的是焦虑/矛盾依附型,这些人非常害怕孤独,总是担心背叛,总是觉得不够亲近。而这种人婴儿啼哭时,母亲如果心情好就紧紧搂抱,心情不好就撇到一边。

只有不逃避也不焦虑的人才是安全依恋型的,他们在婴儿期享受了足够的关注和呵护,对这个世界没有那么多的惊恐和厌倦。这种人是最有机会和能力获得幸福的,让人羡慕也羡慕不来。

"Elaine,和你一样,我也对爱充满了疑惑,经常地不知所措。我想我们能做的,除了利用有生之年更多地了解自己、尽可能地让性格与生活和解之外,还有就是,当我们未来的孩子哭喊之时,一定要上前去,用最大的最大的可能抱紧它们。"我在回邮里写道。

TIPS

雌激素（estrogen）

一类主要的女性荷尔蒙，包括雌酮、雌二醇、雌三醇等。雌二醇是最重要的雌激素，主要由卵巢分泌。另，许多天然和合成的物质已经确实拥有雌激素活性。

催产素（oxytocin）

又称缩宫素，这种激素在雌性哺乳动物生产时会大量释放，扩张子宫颈和收缩子宫，从而促进分娩。近年来的科学研究已经开始探讨催产素对于各种行为的影响，包括性高潮、社会认同、两性的依恋纽带关系、焦虑，等等。它也被认为能促进团体内的信任和亲近，被称作"拥抱荷尔蒙"。

床榻分治

也许,随着年龄的增长,我们越来越不想
和他人分享,我们甚至把睡眠都紧紧收藏。

有一个"关于已婚人士有多少是不和伴侣分享同一张床的"调查,统计出来结果是12%。我怀疑现实中的比例可能大于这个数字。

以我身边的朋友为例。

丝丝,29岁,三个长篇在手的情爱小说作家。当我拿这个问题去问她的时候,只见对方神情一半不屑一半惊异:"帮帮忙,我每天写到凌晨5点钟才睡觉,要是和他一张床的话,谁都别想睡安稳。"该女子丈夫是杜邦高级技术主管,每天早8点半准时驱车从浦东往浦西赶,晚7点再从公司赶回来。进门做的第一件事就是打开家庭影院放美剧,最喜欢看《犯罪心理》和《边缘危机》。

上官珊,27岁,肿瘤医院护士。我是先认识她先生再认识她的。她22岁那年,被我一师兄一见钟情,继而狂追,当时充当爱情参谋的我没少花钱花时间陪着疯,最后师兄成功地撬掉了她前男友的墙角,并很快把戒指套在了那只纤纤无名指上。但是,"我们去年下半年已经开始分房睡,理由是我夜班较多……嗯,真正的原因呢,他越来越胖,也越来越不耐心,让我没有欲望"。

听见这话时,我口中的冰橘茶差点一口喷出来。不过她补充道:"当然我不会考虑离婚的事情,他还是我心目中无法取代的好

133

男人,至少目前。"

最搞笑的是身为公关公司项目经理的 Shirley,"我们当时有考虑过按周或者按旬来排个时间表,比如说逢周五或周二就睡一次,后来发现没法严格执行,现在总的来说还是以随机为主"。Shirley 将近 32 岁了,淡妆掩饰不住奔波带来的疲惫。

美国人保罗·罗森布拉特(Paul Rosenblatt)写过一本《一张床两个人:分享床笫的社会秩序》,里头深刻地谈到了这个问题。为了写好书,这位明尼苏达大学的教授抽时间对 42 对伴侣进行了访谈并做了详实记录。最后他郑重告诉大家:"别以为是'性'的问题,对于大多数人来说,床是个聊天场所。"

现代人太忙了,每天行色匆匆,对于大多数人来说,一天中和配偶交流最多的时刻可能也就是入睡前半个小时左右。对方这一天经历了什么、做了什么决定、处理了或需要处理什么事情、明天怎么安排,等等,都只能在临睡前的短短时间里解决。毋庸置疑,这是让人感到亲密、快乐和舒服的时刻。所以尽管一个人睡获得的睡眠质量普遍会好于两个人睡,但那种与另外一个人在世相依的安全感和归属感,却有着无与伦比的诱惑力。

问题永远有另一面,分享一张床也意味着要开始改变自己了。卧室温度,床位家具的摆放,能否在床上看电视、看书、吃东西或裸睡……都有可能成为两个人发生摩擦的导火线,还有闹钟如何设定、能不能让宠物到床上来、倘若其中一个喜欢卷被子怎么办、倘若其中一个或两个有**睡眠障碍**怎么办……诸如此类。当矛盾越来越多，双方都不再愿意作出妥协之际，就只有放弃亲密以保持自我。一个住家联盟预测，到 2015 年，美国地区将有 60％的住房用户定制拥有两间主卧的房子。

中国大城市的房价或许还不大允许这种情况大量出现，不过据我了解，男人单独睡书房的情况其实也不算罕见了。

哲学家说"作为一种社会性群居动物，孤独也是人的属性"，流行歌手唱"一个人怕孤单，两个人怕负担"，科学家说"没有任何迹象显示和别人同睡能延长寿命，但有很小的可能性，两个人睡能预防自杀"。听来听去就一个结论：有利有弊，取舍在于你。

TIPS

睡眠障碍

　　根据 1990 年发表的睡眠障碍国际分类（ICSD），睡眠障碍可分为四大类：

　　睡眠异常，包括失眠、发作性嗜睡病、睡眠呼吸暂停、下肢静止不能症、夜间肌肉阵挛症、反复性嗜睡症、创伤后睡眠过度、睡眠相位后移综合症、睡眠周期延迟综合症和非 24 小时睡醒周期障碍；

　　异睡症，包括快速动眼睡眠行为障碍症、夜惊、梦游症、磨牙、尿床、婴儿猝死症、梦呓、睡眠性交和爆炸头综合症；

　　与精神、神经及其他健康问题相关的睡眠障碍，如睡眠相关的癫痫；

　　其他睡眠异常，如睡眠时间过短、病征的打鼾、非洲昏睡病（由舌蝇引起）。

辨味

不爱一个人的理由可以很生物,但只能用来
说服自己,不可以说出口——这是身为文明人的无奈。

高伦从南美回来两周以后,发了个邮件说:"请我吃饭吧。"

他参加一个有钱人资助的艺术创作项目,在外待了三年多,中间断断续续参加了几个展出,偶尔见诸小众杂志的报道。我们认识有些年了,在朋友的宴会上见过一面,之后一直网上聊着,一南一北两个城市,然后各自去了几趟对方的城市——完全是因为工作出差,吃饭出行也以礼相待,吃完以后各自回住处。他像所有搞艺术的家伙一样,留着长发,神情间有着轻描淡写的峻峭,对什么都挑别而又不屑。可能就是这种不着调的骄傲让我爱不起来,仅仅停留在喜欢而已。

我们就任何一件事都可以像辩论赛一样,在 MSN 或邮件里吵300 回合以上,之后好几天谁也不理谁,接下来讲和、闲扯,开始酝酿下一轮的争吵。布什上台了我们吵,同性恋婚姻合法了我们吵,汶川地震了我们吵,奥运会金牌拿太多了我们吵。吵得彼此都high 至失控,聊天记录里直到现在还保留着他咬牙切齿的一句话:"你这个女人怎么就这么拧巴呢?我恨不得杀了你。"

记得前年冬天,又是在出差途中,暂住在高伦的那个城市。一个星期里,他开着车四处接送,该买单的时候买单,该消失的时候消失。到了我回南方的前夜,决定请他吃西餐。

那是家讲究的餐馆,不大,但装修别致,墙上有我中意的淡彩装饰画,扬声器里放着我中意的冷钢琴,服务员察言观色,还送上烛火一对和玫瑰一支。我如常吹灭了蜡烛,告诉他们这样会增加碳排放,不好。高伦只是微笑,一边看着。这是他第一次没有在这种场景下脱口而出,"你这伪环保主义的矫情"。上甜品时,他开口了:"我要去国外了,不知道要多长时间才会回来。"有点吃惊,我看着他,也有点明白了什么。

走出餐馆,天冷得不像话,我们坐进车里,他紧紧地拥抱过来。就在那一瞬,发生了件非常奇妙且尴尬的事情,我几乎就用了一秒钟时间做了个不容更改的决定:不,不可能爱上这个人。

我不喜欢他的气味。

瑞士伯尼尔大学的生物学家克劳斯·韦德凯德(Claus Wedekind)曾经做过一个被很多情爱专家津津乐道的实验,就是让女性受试者去闻男人穿过的 T 恤,并从中选出能打动自己的味道,结果发现她们往往选择了 MHC 和自己差异最大的来喜欢。

对于女人来说,选择 MHC 不同的男人,最大好处是能够给后代以更优的免疫系统特征选择;而 MHC 相同的父母,很可能会产下免疫力较弱的孩子。

我确信那车里的一刻是生物本能在提醒自己:当心啊,不要轻率地作出一个没啥意思的决定。所以当他问"和我一起回家吗"的

时候,我摇了摇头,并且恶狠狠地说:"别搞得以后朋友都做不下去。"

后来,就没有后来了。

再后来还看到一则消息,一个叫作 Basisnote 的公司已经从"MHC 和爱情的关系"中看到商机,决定开辟一项业务,为因特网上那些通过聊天互有好感却没有实际相处经验的人们检查 MHC 匹配程度,由此避免无谓的感情消耗与纠纷。

如果价钱合适,我非常乐于一试。

还有个注脚得加上一笔,不吐不快。我认为这事儿是对香水工业的莫大嘲讽,没错,我恨它们,是真的恨。因为上一任男友是个香水爱好者,和他相处了三个月之后才发现,尽管在他的怀里常常心醉神迷,可是分开二十四个小时以上我就会质疑为什么会选择这么一名男子。想来,是该死的化学芬芳制剂扰乱了我的 MHC 判别能力。

TIPS

MHC(major histocompatibility complex)

意为"主要组织相容性复合体",它决定了一个人的免疫系统类型,也会反映到体味和面容中去。

见好人就发卡

那些把全副生活都在女人身边团团转、将所有时间
都用来憧憬与她厮守的好男人啊，很抱歉，你会获得一张好人卡。

大雪纷飞，被困在了机场，接近 23 点，那时候只有 ZK 的短信还记得飞过来安慰我。

"窗外白皑皑的，很好看。"

"是吗？呵呵。"

"机场里面冷吗？你衣服穿够没有？"

"还行。"

"是不是觉得有点闷？在看书吗？听 MP3？"

"没，就坐着。"

"我觉得你应该会喜欢写飘雪的诗，要不要找一首发给你？"

"不要麻烦了。"

"是不是觉得困了？我有没有影响到你？"

我关掉了手机，让冰冷至快要僵掉的指尖抵在额头上，深深撅进去，弄出一点疼痛感来，发呆。疲疲和厌倦，让滞留的夜晚更加黯淡恼人。

情爱专家**海伦·费舍尔**在她的 TED 演讲中提到，她做过一个问卷调查，问卷中包括了下述两个问题："你曾被真心爱着的人拒

绝过吗?"以及"你曾拒绝过真心爱自己的人吗?"接受调查的人群中持肯定回答者超过了 95%。相信对于这个高百分比,每个乍一看到的人或许都会有零点几秒钟愕然,然后耸耸肩,比**阿特拉斯**还坦然。

大多数人,都不会爱上对自己太挚热的男人或女人,就像歌里唱的那样:爱我的人为我付出一切,我却为我爱的人流泪狂乱心碎。特别是"女人不爱好男人"这一条,更不啻为举世皆知的真理。只是多少可怜的家伙,碰壁后抓破头也想不通,为什么啊为什么?

心理学家认为,"好男人行为"很可能是一种睾丸激素缺乏或受压抑的表现,女人通过自身感受间接获得了这一在配偶选择中至关重要的信息。通常,所有好男人都在做着完全一模一样的事情——看到心仪的女人,就义无反顾盘算着为她们做些什么以赢得认同,并幻想终有一天对方会投怀送抱,殊不知完全是徒劳之举——演化造物,多少年前已将他们设定在一个狩猎者的角色,如此守株待兔,未免丧失了作为男性的真实本性。

事实证明,女人是宁可爱一个吸血鬼也不要一个"烂好人",君不见《暮光之城》倾倒了几多少女少妇?

在人类身上,有三种黑暗性格被认为会对传统社会造成伤害:自我中心、热爱冒险刺激且心狠手辣、善撒谎并且喜将人玩弄于股掌。分别对应着自恋者、心理变态者和权谋者。有一项来自美国新墨西哥州立大学的统计指出,黑暗属性值越高的人越容易猎艳,并且更喜欢露水关系,这种相关性只存在于男人身上。他们缺乏忠诚度，有机会就换伴侣，绝不把过多精力放在养育后代上。在生物繁殖领域这种行为叫做"鸟枪法"，有点暗喻中国俗语中的"打一枪换一个地儿"。从演化上来说，该策略应该是奏效的，于是导致这部分人即使具有反社会性，也一直未被种族淘汰出局。

不过，更有意思的一个报告由英国布里斯托尔大学的研究者安德鲁·克拉克（Andrew Clark）的团队作出。他们拍下 28 位成年男性的说话镜头，经剪辑处理后给女性志愿者观看，并评价他们的吸引力。这个研究得出的结论颇有点推翻我们原有认知：女人们不见得喜欢真正的混蛋，那些表现得很粗鲁或很功利的男人还是不怎么入她们眼的；坏男人必须通过一些掩饰来让对方认为自己并不坏，才能获得好感，赢取进一步发展关系的可能。

所以，二律背反出现了：你必须坏，又要坏得让她不觉得你坏。

很晕了吧？是的，大家要承认，做男人真辛苦。

TIPS

海伦·费舍尔（Helen Fisher）

科罗拉多大学体质人类学博士，现为罗格斯大学教授，研究浪漫关系长达三十多年，与美国自然历史博物馆有过密切合作，曾于 2006 年和 2008 年两度参加 TED 演讲，著有《情种起源》（*Why We Love*）。

阿特拉斯

《阿特拉斯耸耸肩》是美国女作家安·兰德的名作。阿特拉斯指一位肩负地球的神，耸耸肩之后的动作是走人。

再也不是当初拥抱

很多女人和很多男人之间
都这样:也曾浪漫,终须分道。

在一次电影节颁奖上,摄像机镜头狡黠地兜转,很有目的地捕捉到了获奖女导演**凯瑟琳·毕格罗**与前夫、另一位著名导演**詹姆斯·卡梅隆**及其现任妻子苏茜·埃米斯之间势呈三角的位次关系。而在奖项揭晓后,据说毕格罗和每一个身边的人拥抱致谢,却几乎有些故意冷落一直在背后默默鼓掌的卡梅隆。"这就是爱情的结果。"我看到有人在微博上如此写道。

也许他的意思是,爱过而无法释怀,让毕格罗做不到向卡梅隆示好。

"但我妒忌毕格罗的一点却在于,她有一个自以为是、接近肤浅的前夫可以羞辱。"这是我在微博上的调侃。很快,出现在回复里友邻的一条让人笑喷:"前女友和前妻们一定都从她身上获得了启发,还有什么能比当着全世界人民的面让'ex们'一败涂地,更能让人体会到人生达到至高的呢?"

据媒体上的资料,毕格罗和卡梅隆二人因合作而吸引,1989年结的婚,婚姻只持续了短短三年。综观卡梅隆的五次婚姻,后面四次都是在与前任离异后很快续娶,其性格由此可见一斑——一个控制欲极强之人,只为自己设计人生,异性伴侣的存在只为了让自

己生活得更好；而反观毕格罗，比他还要大上 4 岁，以 59 岁"高龄"却只结过这一次婚，可见追求自由决心之强烈。这样两个个体，原就并非合适的婚姻对象，至于短暂的结合有没有留下芥蒂，名气都如日中天的当事人当然都绝口不提。旁人好事，却也不妨就此作次不完全分析。

美国心理学家罗伯特·斯滕伯格（Robert Sternberg）曾以三角理论来阐释爱情的本质，将亲密、激情和承诺作为这结构中的三个平衡支点，他在 1986 年的一篇论文中写道："亲密可以看作是大部分而非全部地来自关系中的情感性投入；激情可以看作是大部分而非全部地来自关系中的动机性卷入；决定/忠守可以看作是大部分而非全部地来自关系中的认识性（认知性）的决定与忠守。"

这些因素之间两两组合，可形成八种爱情形态——三点都不具备为无爱；只有亲密为喜爱；只有激情为痴迷；只有承诺为空洞之爱；"亲密＋激情"为浪漫之爱；"亲密＋承诺"为伴侣之爱；"激情＋承诺"为愚痴；三点集于一身方为完爱。

依我看来，毕、卡之间，曾也不乏激情，在回答记者促狭的提问之时，毕格罗说道"卡梅隆激发了我的创作"，仅仅一句便了然——这对优秀男女的互相吸引当年或许排山倒海；亲密也存在过，晚宴进行中，他们逐渐放下架子，坦然相对起来，有人抓拍到卡梅隆伸出一双手，佯装要掐夺杯的毕格罗的脖子——那一刻，美好的记忆定复苏于他们心头；承诺则很可能欠缺，毕格罗很大程度上是一位超越"女性"乃至"现代女性"意义而难以定义的角色,至少在表面上看来,与"承诺"两个字相干性实在不大。两性关系中的"信守",溯其源,是为了保护女性生殖后不必单独承担抚养重任而设置的道德机制(被锁定在人类的文化记忆乃至基因记忆),而在演化至今、与原始社会已相去甚远的社会形态之下,它的重要性也许比大部分人所认为的都要低。独特如毕格罗者,更不可能把这点视为爱一个人的前提。所以即便卡梅隆在她之后娶了一个又一个,倒不见得由此生出什么不满怨念。

毕格罗的获奖影片《拆弹部队》中有一小段,借卖盗版 DVD 的伊拉克小男孩之口,讽刺每年像垃圾一样生产出来的好莱坞大片——烧钱无数,艺术上却毫无建树。我以为,这才反映了她听闻获奖时没有当即拥抱卡梅隆的真正原因——她离开卡梅隆之时,一定就已经想得非常清楚:此非同路之人,我们终点不在一处。

TIPS

凯瑟琳·毕格罗(Kathryn Ann Bigelow)

　　美国电影导演,史上第 4 位入围奥斯卡最佳导演奖的女导演,也是第 1 位奥斯卡最佳导演奖女性得主。凭借《拆弹部队》在第 82 届奥斯卡奖上击败其前夫詹姆斯·卡梅隆执导的卖座大片《阿凡达》,夺得最佳影片和最佳导演等多项大奖。

詹姆斯·卡梅隆(James Francis Cameron)

　　加拿大电影导演,擅长拍摄动作片以及科幻电影,目前电影票房史上最卖座的两部电影——《泰坦尼克号》(1997)和《阿凡达》(2009)均为其所执导。

感觉借语气生存

巴别塔无所不在，
时时出没，它早就印刻在你我心里。

分手年限久了，一旦有机会重提，都会有个"话当年"的环节，恩恩怨怨，想趁此找个释怀。我那遥远的第二任男友是当年的学弟，堪堪相处了七个月，"一言不合"就不再往来。中间有个插曲：大半年后深夜里送他生日祝福，对方还是受到了震动，问能否告知他何处做得不好？可不可以改过重来？

彼时用的还是老古董 BP 机，怔怔对着那一行，思忖了一刻钟，回过去一行：没什么，还是做朋友吧。

从此只见面时颔首示意，未再深谈过一句。

但这些年来，经历许多过后，竟无限怀念他那些优缺点：真诚却也不加掩饰地直白迫人、家教良好始终不懂越雷池一步、正直感鲜明却也小事上是非难断，什么条件都不错却也和完美无缘……就是这么一个想起来还有些叫我惋惜的家伙。当然，岁月倘若让这些淳朴美好变质，我也毫不诧异，因为他的确拥有大把的时间和可能被宠坏——那，简直是一定的。还试过从同学朋友圈子里交叉出去找他现在的行踪，未果，最后听到的消息应该是他出了国。而今作为心理补偿，时常和女朋友们扼着腕谈论起他，特别是在一起光顾各家新开张饭馆尝鲜的过程当中。

莫扉最最瞧不起我这个腔调,有次忍无可忍了,印度菜吃到一半,搁下餐具,阴阳怪气地质问:"难道,你还想和他破镜重圆不成?"

"也没有啦,这个愿望倒是小于 3‰。"

"那又为何念念不忘呢?"

我认真地把盘子移开了去,叹一口气:"其实,只是很想很想澄清一段心情,告诉他那个时候我那么决然地离去背后真正的原因。"

"哦? 说说看。"

"因为后阶段相处之中,每每针对我任何提议,他都不假思索回答:你说的总是对的。"

莫扉眉毛使劲挑了挑,表示不解:"这你还不满?"

我示意她再听一遍我的陈述——你,说,的,总,是,对,的——重音放在了"你"。

这一次,她懂了:"有些讥诮反讽的味道,不知是否属于无心之举,可听上去的确不受用。 所以你要分这个手是有根据有理由的。"

全世界身处各种简单关系、复杂关系的人们听好了,有一条朴素的真理也许大家都知道,却在执行中无法善加利用,那就是——要记住,无论说怎样的话,其功用为何,"怎么说"永远比"说什么"重要。

心理学领域有一种称为"印象形成"的研究,意为通过零星不全面的信息去判断并不熟识的人的性格,或对某件事的态度。有人证实在这个过程中,最需要采集到的其实是这个人的声音信息,因为它才可以真正揭示出说话者的意图倾向。2010 年 4 月,亚利桑那大学阿什利·梅森(Ashley Mason)和大卫·萨巴拉(David Sbarra)两位心理学博士在《心理科学》(*Psychological Science*)期刊发表文章,谈到他们对一批新近分手人士的调查分析。这个实验请来了 105 位被试,其中 38 名男性,67 名女性,平均离异时间在 3.8 个月左右。研究者设计了一套问卷,主要问的是被试对于前伴侣的感觉,以及他们如何描述这段关系,等等,同时会做前 30 秒的语音记录和文字整理。收集完答卷之后,研究者又找来了两组人分别对录音和文字作分析,评价这些信息带来的隐含内容,比如此人控制情绪的能力、对待裂痕的态度和处理压力的方式,最重要的是,要判断出他们如何看待这段已经结束的关系。结果他们发现,听了录音的"评判员"都能对说话者心理状态、想法做出较为准确的判断,包括相处时间长短、谁先提的分手、分手至今时间长短等,而倘若只看过纸面陈述的话,则难以得出有效的判断。可以看到,实验充分证明了语言在某些境况下的乏力。

西哲大师维特根斯坦后期无论著书还是讲学,都强调"哲学先是语言后是逻辑",这个说法移植到男女交往中来,其实就变成了"恋爱先是语气后是语言"。想想看,世上多少结束之后不可弥合的情感都因为一句表述不得当! 而旁人,非亲历所不能领悟。

BP 机

也叫寻呼机,一种具有接收和传送简易文字信息功能的个人无线电通讯工具。在中国大陆地区,传呼机和无线传呼网络于 20 世纪 80 年代出现,20 世纪 90 年代末期达到顶峰,2007 年彻底退出市场,是手机普及之前的重要联络工具。

手感

既然是"执子之手，与子偕老"，那么，
我苛求于一双手的外形与内在，说起来也并不算过分吧。

即便眼前的黑夹克帅哥被 M 在过去三年无数次聊天里吹得天花乱坠，我仍是懒洋洋地坐在沙发上，腿也不想抬，没有起身相迎的表示，只略略点了点头，指着右边另一张沙发说，"请坐"。

他比大多数男人要瘦，因此目测起来比较高，但估计绝不超过1 米 76，方形脸，长相只能说是中等偏上。脱去夹克以后，淡灰色衬衫，戴了块腕表，可能是江诗丹顿的某款。必须说，一切都还正常。我斜睨了 M 一眼，并且知道自己眼神里一定是有着赤裸裸的挑衅。解释一下，这并非相亲会面，只是 M 终于决定邀请我们周末去她公寓聚会，向几个密友展示她少女时期的单恋对象。此君因公司业务的缘故被派驻本市，这同时也意味着，在选择长期交往对象方面挑剔得"令人发指"的 M，寻寻觅觅这么久终于有了回到原点的天赐良机。

个把月前，她神志不清地向我描述听到他要来时自己犹如沙漠旅人突遇甘霖的心境，我第一反应是诧异得不得了，觉得这根本不像我所认识的 M。骄傲的、对什么都不屑一顾的 M 啊，怎么可能也如此为伊颠倒？于是认定那不是一个凡人。

可眼下，黑夹克男子的毫无非凡之处，动摇了我。

151

对我的满脸狐疑，M 视而不见。

聚会进入正题，觥筹交错，一瓶瓶威士忌和一扎扎果汁稍将下去，众人不觉都有些疲乏。突然听到黑夹克男敲了敲壁板，沉声道："各位安静一下，给你们表演个魔术吧。"说话间，已经接住 M 递过去的一副牌。

我对此人的改观，就在他伸出手开始玩牌的六十秒钟之内发生。

娴熟，快速，令人眼花缭乱。

以上不是重点，我并非想描述这个魔术有多么特别，也许他比刘谦要玩得稍微好一点，但也就一点点而已。真正讶异的，乃在于这双手的修长、手指的匀称，以及皮肤的干净。

真是帅哥一出手，方知有没有。

很多年来，我都会被有着好看的手的男人打动，而一些社交规则或择偶秘笈也都会提醒女人去注意男人的手。这绝非无稽之谈。修饰良好、举止得体的一双手，不是你随便就能遇上的，在快速匆忙的现代社会里，手作为身体语言，是表达一个人更深层一面的重要载体。那些灵巧的，会适时为女孩子端上暖咖啡、拨开挡住眼睛的乱发或披上外套的手，把起妹来胜算一定更大。

不仅仅是动作，生物学甚至告诉我们，手形也很重要，它透露的可能是这个人的性向或男性化程度。比如一则研究，来自加拿大亚伯达大学的艾利森·贝利（Allison A. Bailey）团队，就指出过无名指长度和食指长度之比越大的男子,越有可能充满攻击性。不过,这两件事情之间只是有着可以解释的相关性,并非直接互为因果。真正归因要从他的生长历程去找,那些胚胎时期暴露在更高睾酮水平环境中的男性个体,无名指相对于食指的长度就有可能越大,而这种人"运动神经往往较发达,在女人心目中也较霸气,更具男子气概"。

当然我必须强调,这些结论通过统计样本分析得来,并不具备绝对性,只可以作为参考,若是现实中爱上了手形不符合该标准的对象,这一条请千万当作娱乐。

魔术完结时刻,我再次瞥一眼 M,她眼神已经完全聚焦一点乃至旁若无人,连我嘉许的表情也半分看不进了。而魔术师正从容退去,为她递上一杯红酒。

TIPS

睾酮

又称睾固酮、睾丸素、睾丸酮或睾甾酮、睾脂酮,一种类固醇荷尔蒙,是主要的男性荷尔蒙及同化激素。不论在男性或女性身上,它的水平对健康都有着重要影响,包括增强性欲和力量、提高免疫、对抗骨质疏松症等功效。男性睾丸或女性卵巢均能分泌睾酮,成年男性的分泌量是成年女性的 20 倍。

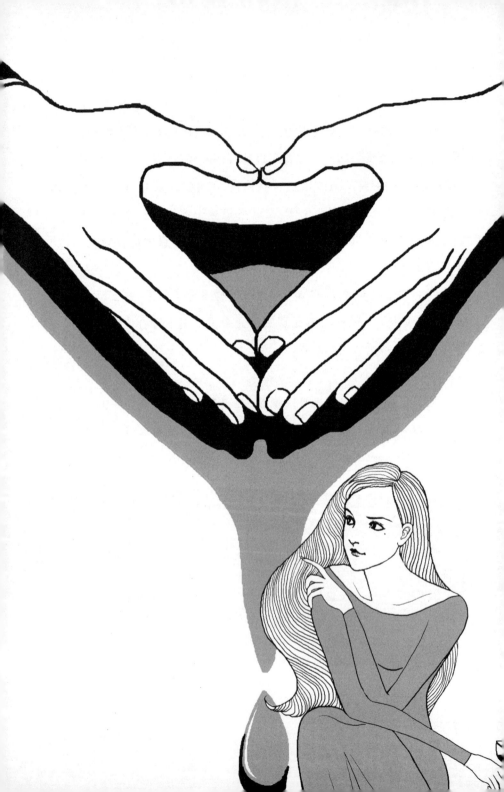

亲密, 所谓何事?

如果以亲密之名义把对方迫成了一个小圆,
你接触到的她, 其实也所剩无几。

我们会去听《亲密爱人》, 那已是中学时候的事情了。拽得不得了的梅艳芳, 突然像换了个人似的轻吟细语起来, 成就一首绝唱, 至今仍在 KTV 里面引发无数泪眼婆娑。而后来, 情愿或不情愿地长大了, 在那些真正恋爱的日子里, 我们都似乎太过年轻, 不会仔细思忖"亲密"这个词到底是何含义, 只一味地将其间甘饴啜饮饴尽。

再后来的恋爱, 大抵有相敬如宾的态势, 总也达不到初时的深刻和无间。这当儿仔细回想梅艳芳的歌词, 才幡然醒悟。"亲爱的人, 亲密的爱人, 谢谢你这么长的时间陪着我; 亲爱的人, 亲密的爱人, 这是我一生中最兴奋的时分。"原来这首歌, 本身就是源自假想……且想想, "最兴奋的时分", 听上去是多么短暂的一种东西!

早期的演化心理学研究认为, 人类对**亲密关系**之诉求可以溯源到胚胎时期的记忆。在羊水中徜徉的胎儿能够无时无刻地感受到被呵护, 而出生之后的婴孩每天都在接受来自母亲和其他人的爱抚, 那些直接作用在肌肤上的接触所带来的舒适, 深深镌刻于心。然而, 随着个体慢慢长大, 他将不得不和母亲以及对自己最善

意的环境脱离,变得彷徨无所依了。此时,就会去想方设法寻找另一种可以重新达到初时舒适体验的关系。这便是多数人辗转奔波,即便遭遇现实一次次打击,还要矢志不渝地寻找另一半的行为动力。

作为这套理论坚定不移的奉行者,本人异性闺蜜之一阿J,在他三十又八的前半生中从没有怀疑过这一点。所以在我和他认识的将近十年中,总能够从他那里获取对于好男人的信念。期间J结束了两段婚姻,皆属被对方所负,却从不曾抱怨,说起往事便一迭声"我的错,我的错"。听到此处,莫误以为阿J在硬性条件上有什么差池。作为一个诚实的人,我必须指出:此君高大偶傥,外形自不必多言,而说到收入,虽然不是多金的山西老板,却也完全可以列入金领一族。

但为什么生生被两位前妻给晃点了? 带着这一疑问,通过对阿J长时间的观察与交流探讨,我确信,这是由于他在亲密关系的过程中没有摆清双方的角色地位。阿J仿佛天生带着一种强势预设,要去做个承担型的理想丈夫。一旦开始建立稳固关系,就希望婚姻中两个人达到一种高度"和谐",如不争辩、不指斥对方,而在出现问题时也以不破坏为由去拒绝解决。总之,他以领舞者的姿态贯穿始终,殊不知这种完美主义毁了他两次决心重大的家庭建设工程。

在两性相处中,如何维系亲密以及如何保持自我,一般被认为是极其矛盾的两个方面,往往如同鱼和熊掌。事实上,这种对立也非绝对。根据伟大的辩证法精神,它们于某些条件下会产生奇妙的交联互换。俄亥俄州立大学心理学家艾米·布鲁奈尔(Amy Brunell)在《人格和个体差异》(*Personality and Individual Differences*)期刊上报道过一个她和同事所做的相关研究,呼吁恋人们要记得做自己,别在爱情中过界,否则后果还是很严重的。他们对 62 对年轻伴侣做了问卷调查,最终证实,那些努力维护自我选择和判断的人,最有可能与伴侣达到深厚的亲密程度,因为这样的人能坦诚以对,并且明白自身想要的是什么。

这再一次验证了:人生来是独立的,理想状态的水乳交融只不过是年轻时候的一种错觉罢了。

情感关系专家也认为,女人是愿意在亲密关系中占据主导地位的那一个,同时女性性格中的耐心、细致与柔韧也注定了她们善于经营这种关系,事实上是更应该被给予发挥余地的。我亲爱的朋友阿 J 所犯的最大错误,总结起来,不过是一点,他没有把主导权交给对方,而自己在跌跌撞撞中辛苦地拽着马缰,直至摔落。

TIPS

亲密关系

　　人际关系的一种,具有持久的行为相互依存、经常相互作用、情感依恋、需要精神上的满足感等特点,其在社会交往中为人们提供了一个坚实的感情联系,满足了人们希望被关怀的天性。

再见，小魔鬼

从有点糟，到更糟，到糟得不得了，
我们那岌岌可危的求偶往往都是这般进程。

一位电视台编导哥们儿自曝惨痛不堪的把妹经历，涉及生命中两位难以忘怀的姐。

"我大学时痴恋一系花师姐，为了能亲近芳泽，特意去上她选的选修课，用尽心思，做了很多代抄笔记的力气活，以及负责晚间下课后召集夜宵，当然还要替众人花钱买单。结果一个学期下来，生生看她和主讲选修课的年轻教授好上了。工作以后，看上一清秀可人的同事，就找机会约，奈何我们在两个节目组，录制时间经常错开。那真是千辛万苦才磨到一次请她看天价演唱会的档期啊，欢天喜地买好了票，祈祷了半个月千万不要出差错，结果到了当天，她一个电话过来说要参加同学的生日宴会，让我另外找人陪看。"

其实诸如此类的爱情创痛，每个人都会找出一堆：为什么喜欢得要死的人最后和好朋友走到了一起，为什么原本对你有点意思的那个人会无意间瞥见你吃大葱油饼从而退避三舍，为什么她竟然选择和简直是人渣一样的前男友复合，为什么他因为遇见一个长得像"侯佩岑"的就从此对你这长得像"蔡依林"的不闻不问？

你最担心什么，什么就会发生。

这个现象是早有说法的，被人归结为一条 law，和我的闺蜜莫扉的名字谐音，叫做"**墨菲定律**"，大致状况包括"面包落地时总是有黄油的一面朝下"之类的惨景。在管理学上，这个概念被拓展为一种可借鉴的态度，即凡事不可期望过高，要做好最坏的打算。但道理好说，实践却相当难，脑腔容量在过去几百万年内提升了数倍的人类，无论在工作或是生活中，其实都没法真正规避这条魔鬼定律的困扰，而面对相应的后果时还是悔不当初。我在查阅中没有发现很好的物理学模型可以解释这一复杂问题，因为它其实还比较麻烦地涉及了行为预测和决策判断，绝不是单学科可以搞得定的。看到有个说法，如果一个人老是被"墨菲"光顾，那么或许就应该考虑其大脑是不是存在颞叶症状群。这是病理性的原因了。由于颞叶为听觉言语中枢、听觉中枢、嗅觉中枢、味觉中枢所在地，倘使功能不佳就会影响主人在生活中的种种感知以至决策，正所谓"点背不要怨社会"。

回到我的编导哥们儿，你可以说他运气差是差了一点儿，但我相信如果他在整个过程中稍事察言观色，不要一头热，一定能更早捕捉到不利于自己的信息，早下决断，或是找到更好的解决之道。一本叫做《打破墨菲定律》的书告诉我们：遇到约会企图屡屡受挫的情况时，最好的选择（没有之一）就是放弃这项计划。

古人早就告诉过我们：不要在一棵树上吊死。

TIPS

墨菲定律

　　该定律的问世可以追溯到 1948 年,由当时参与美国空军高速载人工具火箭雪橇 MX981 发展计划的约翰·保罗·斯达普(John Paul Stapp)上校旗下研究员首先提出,以当时亦有参与计划的研发工程师爱德华·A.墨菲(Edward A. Murphy)命名。当时模拟实验已清晰要求参与者把夹用正面夹好,结果还是有人连续 47 个夹都夹错了,故此引申出,一件事可以差到尽的时候便会差到极限。

当我们都已成为过往的囚徒

你在想什么？你在想什么？你，在想什么？
算了，不管你想什么，我选择自己最不大吃亏的方式来。

我依稀记得，自己经历此生最折磨的分手事件之一时，有过怎样的挣扎。

对方和自己都是极端强调自我的人，邂逅在偶然的一次工作合作谈判中，发现气质好相近，互生亲近感，进而联系。空窗期的我当然一头栽了进去，初初，有些碍于彼此的身份和复杂的公司利益，二人约定保持为秘密恋情，在人前只以熟人相见。

但自此就开始陷入无尽的烦恼。

每每要向人介绍这是我朋友某某时，总有一种说谎的罪恶感，因为昨夜这位"朋友"还和自己在床榻上无尽温存；好不容易找名目欢度个周末，总是鬼鬼祟祟，弄得如同偷情一般。此外，最最糟糕的，不知为何，总觉得对方十分享受这种状态，乐得不用尽责，安抚工作也做得不好。

终于有一次，工作完后聚众 K 歌，席间一个年轻女孩唱着唱着就把头倚到了"朋友"的肩头，半天也不肯下来，我当时真有上前去一人一个耳刮子的冲动。忍无可忍，第二天打电话过去，勒令摊牌。这场争斗遂以拉锯战的方式展开，拖了半年多，结果，当然是两败俱伤。

当中一点点揭露出来的生活真相和人性事实，让人唏嘘得简直要死。

此君自称有一前妻，在另一城市，带着小孩，自己隔几个月就要飞过去看看小孩。而老家两方父母均观念守旧，是断断听不得儿子儿媳或女儿女婿两人已经分开的说辞，因此还要借着形式感把不存在的关系虚拟撑下去。但，真正的困惑在于，如何就能相信，确实就是"前妻"了呢？难不成要逼着他把离婚证明当面呈上，并验明并非伪造不成？作为现代知识女性一名，也曾十数载读书写字，我自认开不了这个口，只能对此保持沉默。而这厢我，也有自己的问题，念念不忘情的前男友倒已经离婚成功，正在努力挽回昔日恋情。鲜花晚餐，各种邀约一齐来，势头十分凶猛，忍不住就要应允他一回，动不动在见面时弄得心神摇曳。

就这么和现任放手吧，两人都不甘，隐隐地，觉得对方身上还有令自己非常在意和不舍的东西。所以，反反复复，在不断的澄清和进一步升级的吵架中苦捱，刺探对方，刺伤对方，时好时坏，直至精疲力尽，不可开交。经历了这一回，方清楚体会到所谓恋爱中的"囚徒困境"。

经典的"囚徒困境"是来自博弈论中的一个想定，据说是在1950年由美国军方智库兰德公司的几名专家拟定，具体如下——

逮捕两名嫌疑犯，但没有足够证据指控二人有罪，于是将他们分开囚禁，分头审判，并均等地提供以下相同选择：第一，若一人认罪并作证检控对方,而对方保持沉默,指认者将实时获释,沉默者将判监十年;第二,若二人都保持沉默,则同样判监半年;第三,若二人都互相检举,则同样判监两年。

这个设置端是考验当事人之间的信任,在多大程度上,我们敢相信对方对自己绝对忠诚,不会投机背叛?对应到一段恋爱关系中,这个问题便转化为,在多人程度上,我们敢为对方放弃自己所受的诱惑,不为胁迫所动,去坚守现在的情感?一般而言,一方背叛、一方倒霉的第一种做法更多发生在年轻人参与的爱情,而更天真的那个人会从这当中吸取教训,知道世界的残酷。第二种做法,可参考经典影视文学作品,对号入座,这里不再赘述。大多数人,成年人,有过去的成年人,想来,恐怕都会选择宁可负对方,而不能为对方所负的第三种做法吧。

恰如唐纳薇和故事男主角所为。

TIPS

兰德公司(RAND)

前身是美国空军的"兰德计划"。1945 年开始,由道格拉斯飞机公司承接了这个项目,三年后获得福特基金会资助,从道格拉斯公司中脱离出来,成为一个独立的智库组织。其成立之初主要为美国军方提供调研和情报分析服务,后来逐步扩展至为其他政府以及盈利性团体提供服务。

亦美亦罪亦庄亦谐

遥记当时正年少，
你爱说谈我爱笑。

我身边朋友当中，有两对夫妇可以称得上人间极品。

A太太长得美艳动人，A先生十分男人气，稍稍带点孩子般的天真。他俩在人前的状态，永远是A先生充当一个欺负弱小女子的"恶霸"，A太太则假装接招，引来旁人看不过眼拔刀相助，最后一起挥刀霍霍向A君，场面非常欢乐。而我们也暗暗感激这对善良可爱的夫妇，有他们参与的聚会，从来不用担心"冷场"二字。

B先生和B太太看上去都是简朴的人士，外形上并不引人注目，却也颇有自己低调的风格，比如衣服从来不穿"无印良品"以下的牌子。他们是天衣无缝的冷双簧，哪怕B先生面无表情地讲了个全桌没有其他人能听懂的笑话，B太太也能笑眯眯地给我们逐个解释过来，最后大家都懂了，一起达到很high的同乐乐。

毫无疑问，AB两家都是众口一词的模范夫妻，私下里我们也经常会去向两位太太讨教如何能修炼成这么和谐的家庭格局。A太太银铃般悦耳的解答和B太太文静含蓄的剧透，均不约而同地表达着同一个道理，那就是：我们的男人懂幽默啊，和这种男人在一起什么问题都不是问题。

在两性关系中,女人能否领略和配合男人的幽默诙谐,会是很重要的一条衡量融洽与否的指标。一般来说,在和男人的聊天中,女人回应的笑越多,说明她被他吸引的程度越深,而男人也会因此而觉得对方更有魅力,因为她"也懂幽默"。

从这一点上来说,男性充当的是幽默制造者,而女性担任了幽默响应者。这和演化中形成的男性作为追求一方而女性作为挑选一方的角色地位相一致:追求方必须花尽心思去讨好挑选方,但倘若对方实在不解风情,也就掉头而去另觅佳人好了,不必多情却被无情恼下去。2006 年来自美国新墨西哥州立大学的一个研究发现,在选择**短期伴侣**的过程当中,有趣比有钱更讨好;而在**长期伴侣**方面,有趣和有钱也是基本上等量的两个条件。所以我们看到好莱坞电影里穷小子经常能够抱得美人归,真是一点也不奇怪。倘若你是男士一名,说不定现在已经牙痒痒地想起,上个情敌果真就是比自己能多说几句俏皮话而已……

但幽默也非能包揽一切,某些情况下,男性的幽默并不像看上去那么美。就唐纳薇本人而言,绝对不愿意和一名太热衷于调侃的男士交往。因为,非常危险的一大隐患是:我们会依仗着自己的小聪明和品好陷入对攻。无论是讨论去看《星际穿越》还是《匆匆那年》,或国庆假期是去海边玩耍还是在家待着,一不小心都将上升到形而上的价值观争论……依稀记得多年以前,某位笑眯眯的男子常常说出一句可以噎死人不偿命的话来。

英国纽卡斯尔大学的心理学家萨姆·夏斯特(Sam Shuster)近

年来曾以统计观察证实,幽默的人往往体内睾丸激素水平较高,有着攻击性一面,在男性身上,玩笑和诬蔑差不多只有一线之隔。当然这个研究是针对普遍人群作出的,并没有特意针对两性搜集数据。说到男女相处之道,另一来自十多年前的研究也许更说明问题。1997 年,美国宾夕法尼亚大学的心理学家凯瑟琳·科汉(Catherine Cohan)和加州大学洛杉矶分校的托马斯·布拉德伯里(Thomas Bradbury)分析了 60 对夫妇十八个月的婚姻生活,考察他们的自我报告,以及解决某个具体问题时日常对话的录音。结果发现,在一些重大的变故来临之际,男人的幽默可能是导致问题恶化的重要原因。他们试图逃避问题,试图淡化谈话的严肃色彩,而这恰恰是最要不得的态度。也就是说,当需要他像个男人那样解决问题之时,使用幽默方式的人与正经来面对的人相比,要逊上一大截。统计数据显示,前者十八个月内离婚或者分居的比例更高。

如此可见,幽默是个好东西,能否运用得当却十分考验人。这也是我迄今在周遭仅仅找得出两对配合得天衣无缝的眷侣的原因吧。

TIPS

长期伴侣(long-term mate)和短期伴侣(short-term mate)

两种不同的择偶策略,长期伴侣是以发展出亲密关系为目的的一种择偶,而短期伴侣更多追求生理刺激,亦即性满足。

对角结构最是稳定

如果你爱我，就带我见见
你最好的朋友吧，还有 ta 的 ta。

加班到八九点，突然收到一个短信：出来，请你看《将爱》。踟蹰了一番，开始认真分析：这昏天黑地的战斗中，逃出去看个晚场电影当然是很好的放松方式，可压在手边的一堆案子怎么办呢？So，还是断然拒绝了。战斗告一段落，华灯里，CBD 左右浮现的广告牌，都是半张半张——徐静蕾和李亚鹏的脸。

于是一些关于文慧啦杨铮啦若彤啦雨森啦小艾啦的故事，再度袭上心头。

其实说到那连续剧，我倒没怎么完整看过，最多不过暑假里回家，遥控器搁在手边频频换台，偶尔能瞥见几眼，知道讲的是年轻大学生之间交错甜涩的情情爱爱，青春扑人的小儿女岁月。我们都曾这样年轻过，我们也是这样长大的。那些刻骨的气息，微微一个摇晃就会溢出来。

人们视之为经典，只因它曾属于生命里的一部分。

到现在都还记得，在大学里，都是一窝蜂恋爱的——A 男爱上了 B 女；A 男的室友爱上了 B 女的室友；B 女室友的高中同学某次串校来耍，就和 A 男所在社团的搭档对上眼了……如此 ABCDEFG 的下去，正所谓线性渐进。

那时候流行一个词——四人约会。

关于这种状态,落到社会心理学的范畴,又是一个绝好的关系分析模型,对此大加研究的还不乏其人。美国韦恩州立大学理查德·斯莱彻(Richard B. Slatcher)就属于热衷人士之一,他在 2010 年向《人际关系》(*Personal Relationships*)期刊投递了一篇该方向的实验报道兼综述,一直上溯到了 20 世纪 60 年代的一些相关研究。其中论述道,心理学家一致认为情侣之间能否深度介入对方的社交圈并被接纳,将直接影响两人之间的情感稳固程度,所以很有必要展开这方面的调查分析以求佐证。理由听上去很是正点,而且这篇 19 页的论文标题更是正点,叫做《当哈利和莎莉遇见迪克和简:在情侣对之间生成亲密接触》。

斯莱彻专门为此设计了一个循序发展的检验。他和同事从 Facebook 以及其他社交网站上召集来 60 对恋人。当中白人、亚裔、黑人、拉丁裔的比例都差不多,年龄在 19～26 岁之间,让他们通过自由交谈(45 分钟左右)形成疏离或亲密的联系,并追踪调查其后在这些恋人对之间的友情发展,同时也用问卷形式跟进恋人之间的感情进展或退化。最后有大约 53 对基本完成了整个过程。

这个实验的前提之一是,确认所有参与者和伴侣都处于认真的交往而非逢场作戏,此乃保证实验可靠性的重要条件之一。在心理学上,有一个叫做自我延伸(selfexpansion)的模型假设,由两位姓 Aron 的学者于 20 世纪 80 年代提出。他们认为,当两个人开始一段亲密关系之时，就自然而然有了一种把对方纳入"我"的倾向，包括 ta 的身份、信仰、感觉、个性、资源，乃至喜好厌恶都变得和自己有关。而这种纳入在很大程度上会反应到社交环境中去，也成为检验亲密度的一个因素。

实验最终得出了三个结论：首先，恋人对如能在一个更暴露于公开环境的状况下彼此交谈的话，对与对之间更容易卸下防线，结为较亲密的朋友。如果只是在饮料台前匆匆问句好的那种，则不大可能有进一步交流；其次，和恋人一起进入大圈子，会让另一半有更多的亲密感（君不见，越是大众场合，情儿们搂搂抱抱得越是欢乐）；第三，这种社交调节的正面影响非常明显。

如此看来，当年四人约会乃至六人约会的流行，不可谓没有道理。

论文的最后部分也毫不掩饰地指出了这种状态的负面影响。很显然的嘛，《将爱》也揭示了：就像我们在大学里屡屡上演的事件一样，A 男很有可能一顿饭下来，对 B 女室友的高中同学存了念想，当时不能说，只偷偷存了电话号码……之后的之后，你可以想象一个开放式的结局。

嗯，这就是人性。

《当哈利遇到莎莉》(*When Harry Met Sally*)

　　1989 上映,是罗伯·莱纳执导、由梅格·瑞恩和比利·克里斯托主演的一部美国爱情喜剧,讲一对男女在生命中不断遇见又错过的故事,探讨了"男人和女人可以成为真正的朋友么?"的永恒命题。

Chapter

IV

情感·圈

　　有时候，即使成功女人也需要一段艰难时期调解她们对好友的嫉妒。

　　女人是有攻击性的，但是方式很含蓄，而且主要针对其他女人。由于女人彼此相依为命，她们不承认具有进攻性这一事实。相反，女孩和妇女往往会克制自己不向对方透露真实的想法，以免成为众矢之的或"与众不同"。真实可信或独立的思维或情感可能会导致断交、鼓励和失宠。女孩和女人不愿意冒这个险，而是彼此躲在背后谈论对方。

　　也许，有些女性在工作中与人相处时身陷困境，原因在于每个女性对自身性别角色模式和工作水平强弱的定位能力不同，以及其他人（包括男人和女人）对她的平衡艺术的评价不一样。

——女权心理学家菲利斯·切斯勒《女性的负面》

暴露疗法

所有逝去的事实,尽我们的能力和想象,
篡改或鞭挞吧,只要,你觉得自己还是完整的。

    有一年,每次从住所所在小区旁边的大商场走过,都会被一幅巨大全彩海报给激得心里咯噔一下:几米高的广告牌上,那么触目地,阿娇(也就是钟欣桐同学)正拿着手机怡然自拍,脸上很天真也不算很傻的笑容……嗯,这,这需要何等的勇气来着?

    我不很清楚大多数女生要忘记一段不愉快的过去(当然不愉快到阿娇那程度的也算少之又少了),会采用什么样的方式,有没有什么独门法宝?却非常清楚自己通常是通过屏蔽来达到目的的——当决定删除某人时,就要在最短时间内形成"选择性失忆",就好像将脑袋撞向硬物把其中某一部分摔出来那样,彻底、激烈、毫不留情。

    但那也许只是暂时可行性治疗,反对派闺蜜之一莫扉就一度怀疑过这种做法的有效性,"我不信你真做得到,说揩就揩,"她煞有其事提出了疑问,"大脑毕竟不是一块硬盘。何况,现在技术界数据恢复的能力超级强,揩掉了也可以找回来。"

    唔,这一点是事实,无人能够否认。不正是这个事实给阿娇带来了无妄之灾吗?

    人类的记忆,绝对是个很两面派的东西。一方面,它顽强得要

173

死，那些对我们来说不可磨灭的场景或事件，即便经过数十年岁月洗刷都还有可能栩栩如生，说浮现就浮现——江滨柳对云之凡音容笑貌的存取即是如此，否则这段慢吞吞得好像定格一般的《暗恋》也不会这么催人泪下；另一方面，它又脆弱得要死，很多东西在事后的回忆中都是面目全非的，恋人分手时会声称当时当地根本没有爱过，夫妻离婚时更要强调我们当初就很不和谐，因此詹尼弗·安妮斯顿有理由去编排一堆布拉德·彼特的不是，张柏芝也可以数落谢霆锋为接下去的人生乐趣。

但无论是美好的记忆还是不甚美好的那些，说到底，都有可能与先时出入很大。倘若历史上有过云之凡，她真有那么美那么温柔吗？天晓得。每一对后来打得头破血流的明星夫妇当年出双入对的时候，也绝不会允许任何人说半句他们的婚姻其实有问题。总之，事实无非是当事人相信的事实，别人只能听听而已。

这么做有错吗？科学研究会告诉你，我们用自己的方式来修补记忆，添加上与真实无关的部分，是为了保持人格的完整性，使自己的认知不至于出现分裂。

留下过重大伤害的那些记忆怎么处理？要去修补吗？如果修补也修补不来呢？回答这些问题要去请教专家们关于治疗的要点。最根本的，你要相信无论多么糟糕的情况也总是有办法的，阿娇不都重新笑起来了嘛！所以，她这则广告拍摄，在我的解释里，是一次实实在在的 PTSD 暴露疗法——一种比较凶悍残酷、直面痛苦的心理治疗手段,"治疗过程中,在安全可控的环境下,治疗师会要求你一次次重述创伤的过程,直到不再对回忆产生恐惧为止。目的是教会你正视并控制恐惧"。想来阿娇姑娘在一次次重复那个充满羞辱的拍摄动作的过程中,会觉得,其实也不过如此,没啥好痛苦的。

有些事情,能忘就忘了吧,不能忘的话,也将它扭曲成你能接受的模样。说真的,我不是那么感激每一位前男友在说再见的时候补一句"我会记住你的好",总感觉里面的表演成分过于浓重。因为,我的评判是这样的,如果你能记住,放在心里默念就可以了,不要把它变成语言。要知道语言是最最容易消逝的无形之物,比能够改造的记忆还不如。

TIPS

PTSD(post-traumatic stress disorder)

创伤后应激障碍,指人在遭遇生命受到威胁、严重物理性伤害、身体或心灵上的胁迫等重大压力事件之后,延迟出现并持续存在的精神障碍。

目标在整个 SNS

我真的不想知道那些,可还是忍不住把
鼠标点进去,看到不堪的事实,一次,两次,三次……

　　社交网络工具横行,微信微博豆瓣外加推特及"非死不可",一起来的后果就是:增加了我们原本就脆弱不堪的情感世界的不知所措。身处 SNS,每时每刻好像都有八爪挠心,每段关系中的漏洞都被刺探得无处可遁,理也不是,不理也不是。

　　戴安通过迂回大战,终于发现了正和她处于半公开化进程中的某男在秘密相册中放着近期拍的和一个名模的亲热照,立刻心灰意冷,邮件发过去勒令对方赶紧退开,永远不要联系或试图联系。我和莫扉一边劝慰她,一边晒自己的案例。

　　"可怜我一直到了意识到有三个不同的 ID 在挑衅,才晓得这里头有问题。后来一查,果真不得了,他竟然和小萝莉搞暧昧,然后小萝莉就人肉到我了,还想 PK!"这是莫扉的教训。

　　"最近和一个家伙吃了两次饭,看过一次演出,本来感觉还不错,后来发现很无语的是,他把 n 任前女友都加上了各种 SNS,并且和我放在了一个组里,我不由得怀疑他私下还建立了考量表,进行阶段性评分来着。"这是我的。

　　这些焦灼恼人的情况,真是应了加拿大圭尔夫大学的一个心理学小组发表在《赛博心理和行为》(*Cyber Psychology & Behavior*)期刊上面的文章所提出的现代社交问题之一:诸如 Facebook 这样的社交网络,除了干扰原来的生活节奏之外,很大程度上还发酵了我们两性交往时的嫉妒心理。研究者认为,特别在较年轻人群当中,有相当一部分无法自拔的网瘾成因,其实和当事人花大量时间去监视与搜寻伴侣或准伴侣的人际网有关。更不幸的是,这样做根本无助于减轻疑虑、增加安全感,忙活半天的结果往往是找出来一堆更大的危机。

戴安,没错,其实就属于这种行为的受害者。我知道她自从开始怀疑对方三心二意以来,就开始狂点他的个人空间,一天打开几十遍,简直什么招都使了,试着去破解他的邮箱密码,试着去恢复他的历史记录,还试着去注册其他 ID 套话,直到……看到照片那一瞬,"马上感到无可名状的耻辱与被嘲弄感,立刻用 60 秒的时间做了一个决定,让他去死吧"。而有趣的事实在于,当她作出这个决定之后,一天内就恢复为常人了,再也没有兴趣去搜查了解他和那位模特之间的任何最新进展。"即使他们哪天曝出车震门或性爱视频,我也做路人状观赏便是。"

根据我设身处地的观察,对于大多数女人来说,SNS 似乎更容易造成一种困扰。她们试图通过对行为话语的分辨来印证自己的某些想法,这当中用到的决心和妄想都是非常值得敬佩的,而投入进去的能耗也足以提升整个社会生产中的能耗,让扎克伯格们多赚不少 PTC(paid to click)。

　　美国特拉华大学斯蒂芬·莫斯特(Steven Most)和简·菲利普
(Jean Philippe)等人最近做的一个游戏型测试指出,女性很容易在
嫉妒心理的驱动下产生一种"情绪诱导性盲目"。当参与一项在指
定图片中寻找指定目标的任务时,如果她们发现自己的男性同伴
正在注意其他女人,那么就会心烦意乱得不得了,完成效率很低,
往往找好久也找不到。这个状态,换到工作中,我觉得带来的后果
很有可能是被炒鱿鱼。

TIPS

SNS

　　SNS 有两个解释:一是 Social Networking Services,社会性网络服
务,专指旨在帮助人们建立社会性网络的互联网应用服务;一是 Social
Network Software,社会性网络软件,采用分布式技术构建的下一代基
于个人的网络基础软件。基于社会网络关系系统思想的网站就是 SNS
网站,如现在的一些网络聊天(IM)、交友、视频分享、博客、播客、网络社
区、音乐共享等。

资本论

我们需要一些信号才能更好地生存下去,那些信号,
你以为有多么不可捉摸? 恰恰相反,捕捉起来其实毫不费劲。

某些时候,唐纳薇会稍嫌无耻地在社交场合显得过于具有侵略性,看见气度不凡、面容如天使的男男女女就忍不住迎上去,没聊两句就主动递名片。这个陋习被走惯了矜持端庄路线的戴安摄入眼里,不免气急败坏,极度鄙夷。倘是我们共同赴宴,她会适时地举着杯葡萄酒、飘着精致卷发、让旗袍裙裾在我长裤上擦过,并适时递上一句耳语:亲爱的,你失态啦,如果再犯,以后决不和你一起出席任何晚宴了。

但是我忍不住笑,开始默数今夜搭讪戴小姐的男士女士共几许,记在心里,并找了个机会告诉她。"23个,真的不骗你,"看见她眉毛都要竖起来,我继续往下说,"如果我不认识你,那就会是24个。"

戴小姐面色稍霁,但谈话还要往下走,我想表达的显然不止于此。

"这绝对不是一个偶然。换个客观一点的角度想想,虽然你是个大美女,但,要不是穿着你最贵的手工旗袍,拎着你最贵的包,顶着植村秀做的发型,还化了如此古典的一个妆容,也不至于这么抢手吧? 嗯,告诉我,这头发花了多少钱?"

她两只凤眼顿时直了，语塞。

所以，没错，亲爱的戴安，我们都是好色动物，不管承不承认，都在有意无意地利用这一点。等着别人递名片的戴安和向别人递名片的唐纳薇，俱可谓个中高手——只不过努力在一个拥有诸多资源和可能性的环境里，通过"色"信号，找到自己想要的东西。我甚至没准备把这件事看得那么严重，"它就是个简便好使的工具而已，我愿意相信那些美貌的人儿，拥有的能量很可能更大"。

有个词叫做"情色资本"，差不多就是我想向戴安传达的这个意思。而每一场煞费精神去参加的宴会，就是经营这项资本的一个重要战场，没有任何理由不全力以赴。英国伦敦大学政治经济学院的社会学者凯瑟琳·哈基姆（Catherine Hakim）在《欧洲社会学评论》（*European Sociological Review*）期刊上发表过一篇论文，专门讲述"情色资本"这玩意儿。她认为，情色资本理论在成功学课程中绝对值得大书特写，需要每个人好好体会。据统计，拥有比平均水平高一筹的情色资本者比别人更容易升职、交友、找到配偶，甚至收入也要高上 15 个百分点。总的来说，它可被分为六个方面（在某些注重生育的国度，生育力可以算作第七个），以下按照原文意思逐个介绍一下——

"美"：现代社会对于镜头的迷信导致那些具有大眼睛和大嘴巴以及轮廓更为分明的面庞受欢迎程度更高，符合常规标准的特质、高对称性和健康迷人肤色也有助于加分；

"性吸引力"：前面说的美主要是指面部吸引力，而性吸引力更大程度上则强调一个性感的身体所透露出来的信息。此外也包括对个性和风格的诉求，女人味或男子气。美往往是静态的，容易显示在平面上，而性吸引力则有关于某人的行动方式、言谈举止；

"社交吸引力"：包括优雅、魅力和社交技巧，让别人感到快乐或舒服，想了解你，对你产生渴望；

"活力"：良好的体能、精力和幽默感，比如说，在一个派对上能够成为灵魂人物；

"仪表"：穿着、发型、化妆、香水和珠宝，这些方面有想法有段位的人绝对是见人灭人见鬼灭鬼；

"性能力"：技巧、力气、色情想象力、趣味……凡此种种能够取悦性伙伴的东西，当然，这是六条中最私人的一条，不可滥用。

现实之中，把资本论耍到极致的无疑是演艺圈里的人类。这个占尽风流的群体出没在我们不甘寂寞的世界里，隔着多么遥远距离也依然让大家感到咄咄逼人，而且他们也并不想掩饰这一点，从来不忘强调——我可是德艺双馨。

三角不能作为稳定结构

曾经想,嗯,这世界上若没有"嫉妒"这种情感,
那会是怎样一个情形?

有一阵子,我非常紧张于周末怎么分别安排和戴安以及 M 的见面。

首先,她们都乐于见到我,甚至有某种一定要见到我的需求。一旦不答应或答应得不痛快,都会导致一通哀怨的电话直拨过来,呵斥个一刻钟以上;其次,她们彼此并不乐于见到对方,并且在不同程度不同语境下表达了这个意向。

"我觉得吧,她太 show 了,level 高的人不会这么 show 的。"这是戴小姐对 M 小姐的评价。

"她好像很喜欢为别人安排这安排那,你受得了吗?"反过来,M 小姐也会不待见戴小姐。

分析一下,M 高谈阔论全球经济和政要会谈,而戴安轻言细语只谈情感纠结和个人哲学,气场原本就相当矛盾,让她俩成为朋友差不多是不可能的任务。几次让人筋疲力尽也吃力不讨好的三方会晤之后,我学乖了,开始小心翼翼故意错开和她们各自腻歪的时间。当然,由此而来的内耗会逐渐上升,比如说在谈话中都要避免触及敏感称谓和关键字眼。

累到快要死。

纰漏依然一个个冒出来。倘若因拒绝了戴安的逛街邀约,却随同 M 参加艺术展开幕,或推了 M 组的局(一般是饭局、酒吧局,顺延至 K 歌局),为的是和戴安一起见个有希望发展成知交的客户,事后(这一点很要命)又十分龌龊地被另一个人得知,我便在接下去几天惴惴不安,心情惶恐。

一个叫做"嫉妒"的小魔鬼,暗暗在我们二个人之间窜动。

照说这是周旋在两个女人之间的男人才会受到的礼遇,我却在这一年时间里遍尝其间种种,五味俱全。想想,是灾难,更是幸运。

"嫉妒"来到世上,原就不是聊胜于无、仅仅作烘托风花雪月的装饰品。这种存于人类情感系统中已经很多年、伟大而又不失渺小的部件,就其本质来说,乃由繁衍本能所带来,更多的意义是为种群利益最大化而设置。在远古,男人的嫉妒可能有利于基因传递的"正确性",敦促他驱逐情敌,确保自己不用为别人抚养后代;而女人的嫉妒则更多用于赢取可靠的保护,不用和别的女人分享来自男人的资源,从而更好、更充裕地一起抚养后代。

日本有个搞脑科学的人叫高桥英彦(Hidehiko Takahashi),曾经针对这个话题做过脑电波方面的考量,他在发表于《科学》(Science)杂志的论文指出,大脑中嫉妒引起的神经反应会因性别而出现明显的差异:男人的脑袋伸进去,检测出的兴奋处**杏仁核**在和丘脑下部,而女人会换到后颞上回间沟。

那么,这之间有什么不同以及能作何解释呢?

按照现有神经学体系的一贯看法,杏仁核和丘脑下部等部位的睾丸激素受体非常丰富,涉及性和攻击等行为;而后颞上回间沟部位涉及察觉意图、欺骗、信赖和冒犯社会规范。从这些痕迹不难发现,嫉妒在男人身上引起的可能是用暴力去占有对象或殴打情敌的冲动,这乃是出于他无法容忍自己的基因遗传受到了干扰而可怕地沦为为别人家养孩子;而在女人身上,道德评判的意味加重,她将更加努力而纠结地思考能不能共同担当家庭重责这类长远问题。

我们不得不再一次承认:女人,是情感的动物。

而女人对于情感的敏感和对于情感质量的要求,正正说明了为什么我可爱的两位女朋友之间会出现因争夺我——这么一个没有可能与她们共同承担抚养后代的人——而起的互相不爽。从古到今,她们为争取各种各样的联盟而陷入竞争的倾向或说习惯,都远远大于另一个性别,这种认真从未曾改变。

更为有趣的是,这种不相容还可以用一种"隐性攻击"理论来解释。根据最新的资料,来自 2011 年 3 月《心理科学》(*Psychological Science*)期刊的一个研究,即在探讨女性用结盟方式排斥自己不喜欢的同性这一天性——从她们的儿童时代就存在,而且比男性要强烈得多。以玛利学院的心理学家乔伊斯·本南森(Joyce F. Benenson)为此设计了一款游戏,参与的有男有女,三人为一组,奖励是一些现金。倘若一开始没有特殊的规则设定,那么男性完成的情况和女性完成的情况差不多：有的单独搞定，有的找搭档来推进。但是后来加进了一个环节，就是告诉玩家说如果 ta 找人合作而且完成了任务，那么第三个人就出局，结果发现女性玩家找人结盟的比率远远高于男性。

　　谁说女人的攻击性不如男人？她们只不诉诸打打杀杀罢了，但"社交排挤"是她们可以用得更好的一项手段——研究者最后如是感慨。看过《绯闻女孩》的人估计此刻都在点头了吧！

TIPS

杏仁核（amygdala）
　　大脑边缘系统的一部分，呈杏仁状，故得名。是产生、识别和调节情绪，控制学习和记忆的脑部组织。

语言体系界定

说一样的话时,你是我的你,我是你的我。
等到说不一样的话了,你是你的你,我是我的我。

　　常见微博上有人贴出××总结分析,说"你转发某某人较多,你提及某某人较多,你关注某某话题较多"。不假思索的话,只会觉得这些某某一定是你的密友,于是爱和你一起聊某某,互相提携、帮衬,原也不足为奇。但反之想想,其中似乎另有玄机,会不会这因果关系也有可能倒过来呢? 又或者,两者互为因果?

　　果然,唐纳薇的密友圈里不乏所见略同者,一位物理学家有天很郑重其事贴了条上来,正好契合这个主题。话是这么说的:研究表明,如果两个人语言风格类似,浪漫关系会持久,特别是在用那些功能性词汇上有相似爱好的人,包括代词、冠词、连词、介词,等等。听上去很励志的样子,撩起了我的好奇心,赶紧去翻看有关报道。研究文章是德克萨斯大学奥斯汀分校心理学家詹姆斯·彭尼贝克(James Pennebaker),与其学生莫里·爱兰德(Molly Ireland)一起撰写完成。他俩几年前开发了一款计算机软件,专门用来就人们写作和对话中各种类型词语的使用程度作分析,这个东西是如此好玩,以至于被拿着去各个场景下试验,物尽其用。
　　第一个例子是用在八分钟约会中。共考察了 40 对被试,结论是,语言风格相似的异性继续约会的几率果然大大高于那些风格迥异的,达到了4倍以上。

第二个例子是用于检验那些年轻情侣。86对被试中,使用短信时言语合拍的情侣们接下来三个月中保持交往没分手的比起那些不合拍的更多。如果再把合拍度细分为高和低两种,三个月后,高合拍情侣中仍能维持关系的占3/4,低合拍度的只占大约一半。

另有一项分析十分另辟蹊径,说是通过档案研究,他们比对了三对著名作家好友/夫妇之间的语言匹配程度,包括弗洛依德和荣格在1906—1913年之间的通信,伊丽莎白・布朗宁与其丈夫罗伯特・布朗宁在1838—1861年之间的诗歌和剧本,西尔维娅・普拉斯和泰德・休斯在1944—1963年间的诗歌。得到结果是:当一对人语言相左时,关系也正处于恶化。没错,这种语言上的背离,出现在荣格离开弗洛依德另立门户的时候,也出现在了伊丽莎白和罗伯特精神疏远的时候,更出现在了休斯和普拉斯婚姻破裂的时候。

看到这里,我已经开始翻看自己的微博和邮件,作起了一个接一个关系剖析。果不其然,清晰而缠绵的往来记录,从表观上来说,的确十分能够印证上述研究的论点:那些和我一样爱使用三个句号作为省略号、使用经过变形引申的爱因斯坦理论来证明世界虚幻、使用粤语歌词作为阶段性总结、使用哇啊哈嗯哼来掩饰智商、使用论语体来反诘反讽……的人儿,毫无疑问,都是心头最在意的男人和女人,在生命的某个时期里为我所珍爱。而隔阂到来

之时,两方也各自开始心存界限,避免触及许多一起提炼出来的概念或语气,生生将它们逐出已经习惯的语言体系去。

还忍不住通过搜索找回了几封陈年的情书,透过再也不可重现的迷雾和再也无法拉近的距离,依稀想起了惊喜的、美好的、心碎的、麻木的日子,以及说过的很多话,蜜糖一样的,匕首一样的,镌刻着"唐氏纳薇制造"的印记和激荡而起的回响。白天一样的,黑夜一样的,在这个深刻的夜晚,全部的,从窗外扑入。

从守护爱到守护钱包

你想想看,那些不可理喻的消费日,
是不是都对应着一张生理曲线表?

寒暖转换时节,**五羟色胺**水平骤然下降,情绪往往容易陷入低落。这时顶顶好的调节措施,就是下班后躺着看励志日剧《金牌》里天海祐希踮着脚敲着桌子教训人。记得最牢的是第二集,长泽正美被她调教得七荤八素。

对话大致如下——

天海:你知道为什么说女人要守护"爱"这只小羔羊十分困难?

长泽:为什么?

天海:因为女人的额叶长了一个"购物脑"。(手指前额)

长泽:购物脑!对滴对滴,买东西会让人心情很愉快呢,进大商场就不用说了,网上购物也很危险啊,看到这,想买,看到那,也想买。(喃喃自语起来)

天海:(赶紧要把对方拉回来)有了它,爱就没戏了。婚前嘛,和父母在一起还好说,可是结婚的时候就一定要找有经济实力的结婚。你想,房子要布置吧,要给小孩子准备漂亮的衣服吧。

长泽:不不不,对我来说,只要有爱就够了,其他不重要。

天海:(白了她一眼)两个人就开始吵,你说他能力不行,他怎能不生气?可明摆着他就是买不起这个买不起那个嘛。有一天上

街,突然遇见前男友,看上去混得很不错,旁边穿戴漂亮的应该是他的新欢,手上拎了粉红可爱亮闪闪的名牌包。

长泽:(表情痛苦)唉。

天海:这时候恨不得有个地缝钻下去,因为自己脚上穿着一双廉价凉拖。

长泽:廉价……

天海:这时候再想想每天吵个不停的可怕生活!

长泽:啊!

天海:你说守护爱最重要的是什么?

长泽:钱!(很快以手抱头满脸懊恼)我的正义感啊……

好,cut!我们聊回正题。说到"购物脑"一物,对于绝大多数的女人来说,都属于不可逾越的障碍,它是一个由来已久、至本世纪已演变得无比繁杂的人间现象。唐纳薇尽管没有守护爱的困惑,也曾深深羞愧于自己在某些日子里狂扫货的行径有损知性女子的形象,从内衣到打底裤都买全套糖果色的记录更是难以启齿,且不说多少会真正上身,其实基本上都是落了个压箱底或者送人的结局。百思不得其解之余去看法国人波德里亚的书。诚然,消费主义哲学大师从恋物角度解决了几点社会文化疑惑,但终究发现他无法从更深层作解,最近听来信服的解释是出自一份名为《消费者研究》(Consumer Research)的社会学期刊。

相关文章由明尼苏达大学卡尔松学院的管理学博士后克里斯

汀娜·杜兰特（Kristina Durante）所撰，她在实验中通过向一组调查参与者出示各种照片发现，那些看上去 so so 的同性照片或那些非本城的同性照片，都不会对一个女人的消费行为产生太大的影响。简单来说，纽约女人不大会去把洛杉矶女人当一回事，注意她衣着款式设计如何。但，一旦注意到近在咫尺的女人们穿起了新款露背装或迷你裙，被试的神经紧张度立刻飙升，接下去非采取措施不可。

而且更蹊跷的是，女人们这种神经紧张的状态，在一个月里总有那么几天达到最盛——没错，就是那排卵期！

如此说来，她们是为了男人而费力打扮吗？唔，此话说对也不对，至少还不够准确，研究者修正道："妇女在生育高峰期会不自觉地选择一些产品来改善自己的外观，这是出于一种压倒竞争对手的愿望，如果你看起来比别人更有吸引力，就会脱颖而出。"不仅衣饰，任何有助于让自己显得更性感的化妆品、保健品、健身产品和医疗程序，都会在此间齐齐攻来，让你手无招架，刷爆你的卡。

唐纳薇看到这里，冷汗已经出了一身，赶紧拿出曲线表计算起来——啊，一定要在下个危险时间段到来之前，锁住卡上的消费额度。

TIPS

五羟色胺

　　又称复合胺、血清素,是一种重要的神经递质,人体内缺乏这种物质会出现情绪低落、兴趣或乐趣缺乏、持续性疲劳、生活原动力低下等抑郁症症状。

对不起，我不负责赞美你

凡人没有不自恋的，但过了界限的自恋，
后果相当严重。对某些交集对象来说，尤其如此。

在一维世界，点和点其实没有相遇的机会，它们要不就错开，要不就融为一体。

在二维世界，一根线和另一根线保持平行是最好的状态，倘若万分不小心遇见了一次，那也能迅速地分开，永不再回眸对视。

但自从来到了三维世界，情况立刻变得太复杂了，你行走天地间的漫漫旅程中，将有无数机会遇到以下不爽的一种。

No.1，圣诞夜熟识人士召集的大派对上，一名男子风度翩翩气度不凡，也和你相谈甚欢，不过那一口掺杂了一半以上英文单词的普通话让人颇不自在，攒足勇气向他暗示——其实虽然我能听懂英格力士，但还是觉得保持国语纯净性很重要。然而十五分钟过去了，发现整个格局毫无改观。

No.2，"我帅不帅？"一点也不夸张，有男人直接在饭桌上吃到第二道菜的当儿就一本正经地问这个问题。如果你笑而不答，他会在上甜点前又提问一次。继续笑而不答的后果是，他一定当你的面开始打一个极其冗长的电话，再也没有兴趣多说哪怕一句客套。

No 3，X君从认识你那天开始就乐于向你透露他的第一任女

友是名主持,第二任是名专栏作家,第三任是名博,此外他还收藏
香水和红酒。"哦,但是我很少用香水,也不怎么喝酒呢!"——即
便你说了以上这句话,仍然无济于事,因为他马上开始用打分的口
气给你推荐起香型和年份来。

以上诸君的统一特点和风格不外乎:喜欢对着水面照镜子,直
至把自己照成一朵**水仙花**。我不多说了,你懂的。

肯特大学的心理学家司各特·凯伊勒(Scott Keiiler)近日在
《性别角色》(*Sex Roles*)期刊发表了一个听上去蛮诡异的研究报
告,足以作为我们遇到这种人时的行动指南。一般而言,自恋者具
有同情心较少、优越感和特权感突出等特点,当没有受到他认为应
得的尊敬和崇拜时会转而表现出敌意与攻击。凯伊勒教授此次研
究的目的,是想知道自恋者身上的攻击性在对象的身份属性不同
时是否也会有所不同。一共有 104 名平均年龄为 21 岁的男性大学
生参加了这次问卷调查,分别考量他们的自恋程度和在对待直女、
直男、男同、拉拉等不同对象时表现出来的大男子主义作风倾向。
耐人寻味的是,那些明显属于自恋型的男性对直女表现出来的不
友好意味竟然最为强烈,而形成对比反差的一点却是他们对拉拉
显得最友好。另外,对男同则没有可供分析的相关倾向。教授在
文章中强调,这些参与者本身都是直男,并不曾在接受同性恋这一
点上比普通人群显得更为明显。所以,对于以上表现,可能的一个
解释就是,他们在面对直女们时已天然地带有了控制心理,而非以

平等的态度切入，一旦遭遇不配合的抵触时就会有点"被激怒"。换而言之，这种类型的家伙衡量交往对象时，重要指标之一就是对方可能对自己付出多少赞美乃至崇拜，得不到这些反馈的话，态度便一落千丈。

却说长久以来唐纳薇的一人苦恼便是，身外三维世界很难避免不时碰上个把英语优异人士、容貌口碑人士和标签至上人士，乃至出于种种原因需要做进一步接触，她很有意愿去四维世界试一把运气，却不知情况会不会更加复杂，你觉得呢？

TIPS

水仙花（narcissus）

　　和自恋的英文单词是同一个。

变种阿尔法女

Tough 的人，
生来不需要解释。

可能有不少人听说过"阿尔法男"的说法，一般来讲，它指的是群落、团体中为首的那个雄性，好比头狼、狮王的意思。这种个体比普通个体更加进取，也更加具有生存和生殖优势，当然，遇到的危险和承受的压力也要远远大于普通个体。在任何情况下，阿尔法男都是能够振臂一呼引来百般呼应的那种，用一个烂俗的流行语"霸气侧漏"可以很好地形容出他们在人群中的声势排场。与阿尔法男对应的雌性是阿尔法女，现代社会各条战线上不乏该物种的存在，除了智力、能力、魄力等不遑多让之外，阿尔法女还具有得天独厚的一些女性特质，因此在事业上基本属于无往不利型。

以上描述属于云彩对着太阳的一面，而在暗面，他们也有某些未尽如人意之处。阿尔法男女们或许虚荣爱炫耀，侵略性强，被赞美和吹捧宠坏，同情心较薄弱，自我跋扈，甚至还隐隐地带有不易察觉的反社会人格，这种人显然容易高处不胜寒。阿尔法女的烦恼甚至比阿尔法男还要多，因为普遍而言她们找男人难，特别特别难。

更有甚者，社会上还存在一定比率的变种阿尔法，也就是正面人格不突出、负面人格却爆棚、偏偏要充当起 leader 角色，或者退而求其次跑到二线，指导别人的人生。

　　变种阿尔法在我的交际指南上是避之唯恐不及的一类，凡在周遭新出现的任何一人身上发现这方面迹象，就要立刻闪躲，半秒钟也不犹豫。此乃披荆斩棘屡经教训得来的经验——话说我也曾有一位这种性格的闺蜜，交好已经是在五年前左右，如今留下只有诡异的回忆。那时我还在媒体行，而她出入商圈已有几年，非常偶然的机会结识，因是同乡，上班地点接近，于是经常约晚饭。很快，我发现了一个奇怪的现象，就是这位姑娘喜欢唤其他人一起陪同吃饭，有时是她的下属，有时是她的其他朋友，反正要攒成不下三五人的一个局。然后饭桌上就可以听见她以毫不利己专门利人的口吻对着某位小弟小妹传授做人道理，或者索性对其指出今天接物待人上的致命错误。这个发现让我彻底打消了带其他人来参加饭局的想法，但我和她之间却维持了不下两年的饭桌情谊。

　　走马观花一轮轮人员转换中，她偶尔也会带上自己的男友，一位其貌不扬的分析师。而且一旦她带了此君，当晚重点话题就一定是为这位分析师分析他的各种不得法，从拎的包牌子不对到点的菜有问题再到工作上哪些方面给老板留下了坏印象。一开始觉得很欢乐，时间长了觉得有些恐怖，在我的人生中从来没有见过这样不给对方面子的女友，而那位男友或许也算得上我所见过最沉得住气的汉子，自始至终，举箸狂吃，偶尔点头称是，从不反驳。我无数次地想象他此后的生活场景，都是一个背着娃娃在努力擦地

板的大肚子大叔形象直接自脑中冒出来,后面加上点点点的口水作为背景,很有日式漫画的感觉。

这位准大叔数年如一日,非常好地履行了作为陪衬贝尔塔男的使命性角色,全程只有一次反抗,那是在他们发出了请柬邀请亲友参加婚礼的当儿,悔婚了。时间大概是 2009 年秋天。

前面 blabla 说了那么多,其实原因只有一个,就是当唐纳薇某一日看到某位二三线明星用长微博方式贴出那则标题为"贤妻"的长文,讲述她如何以惊人的包容和洞察挽救了老公濒临崩溃的人生时,电光火石,立刻闪回了数年前那些口水点点点的夜晚。啊,人生啊,总是惊人地相似,又稍稍地有所不同。

审美

他们喜欢看,喜欢评价,
不止在心里,还在嘴上。一个标准:漂不漂亮?

　　当前有个"外貌协会"的说法,不久前就深深领会了一回。一枚熟识的文艺女青年开办讲座,我受邀去捧场,非常冷僻的话题,小会场里面却坐了个水泄不通,只能挨着角落勉强落下。坐定之后,觉得颇有些怪异,却又说不出来哪里不对劲,想了半天反应过来——原来站在台上的主讲人腿上,桃红半透明丝袜过于耀眼,而下面群众基本上是男人,火辣辣地看着,目光的热度迅速波及我。更不着调的事情还在后头,中途因为要奔赴下一个局而离开了,然而出门仅三分钟就收到一个莫名其妙的短讯:请问你是那个写专栏的唐纳藏吗?我们几个开小会讨论了一下,觉得你好像没有网上说的那么好看。

　　一时间我哭笑不得,赶了两个小时路去参加一个严肃议题的研讨,却发现,主讲和嘉宾都只是被有意无意围观了一把、接受评头论足。如果发挥足够的想象力,完全可以推导出这些观众的行动过程:首先,得知有这么个活动,标题扫一眼,内容基本可以忽略,出场人性别先行分辨。女的!好,输入名字开始谷歌,唔,似乎被称作文艺美女嘛,照片也还像那么回事,成,去凑个热闹吧。

　　以貌取人是"外貌协会"的唯一特征,这个协会的成员中男性

199

数量占优,倾向性也更加明显,他们营造了对美女如饥似渴的社会生活氛围,却巧妙地把帅哥变为次要标准。可以作为最佳证明的例子就是:演员或者各路明星当中,丑男容易当道,而丑女基本无出头之日。这就涉及一个极其古老命题的再行探讨了:作为一个女人,长得好看真有那么重要吗?

记得有条关于"女人演化得更美了"的科学新闻曾传得遍地都是,文章主要由两个研究得来这一结果。其一,芬兰赫尔辛基大学的学者分析了一项在美国开展的跟踪调查,通过对 1244 名女性和997 名男性长达四十年的观察,综合他们的外貌和子女情况,发现靓女生育的孩子比普通女人多 16%,不过帅哥并不具备这一优势。其二,伦敦经济学院的学者分析了在 1.5 万名美国人中开展的一项统计,发现倘若父母都长相不俗的话,生下女儿的可能性要高出26 个百分点。评论指出,既然相貌上的遗传率是非常高的,那么这个星球上美女越来越多就不足为奇了。同时,说到为什么如此,他们也给了个说法,认为这是演化设置的一个诡计。想来你此刻大概会明白我接下去要说啥话了:好看的女人被选择的几率大,所以你要努力去长得美,而就男人来说,占有资源更多的那些更有机会被选择,所以你长得丑但是有钱,就啥也不怕。

果真如此吗?

非也,至少在唐纳薇看来,上述研究都有值得商榷的疑点。且不说研究样本不够大,单就"子女数目能否作出较精确统计"就是个大难题。要知道,帅哥偷情的机会原就比丑男多,"孩子的爸是谁"并不像"孩子他妈是谁"那么好判断。以上两个研究都有可能捅娄子:也许帅哥也生了更多的私生子呢;也许嫁了帅哥的美丽女人和非帅哥生了美丽女儿,而帅哥的不美丽女儿还在别家待着呢。这笔账看起来永无算得清的可能,好吧,忘了它。

欲讨论为什么"世界需要美女",比较着调的说法还是去找找美女到底能够对男人们产生何种魔力吧。澳洲昆士兰大学的理查德·罗内(Richard Ronay)和威廉姆·冯·希佩尔(William von Hippel)两人邀请了 96 名滑板选手来参与实验,证实了美女那不可思议的魔力效应:当男人面对一个尤物时,睾丸激素——那让人有冒险和攻击冲动、不计后果的荷尔蒙——确实在飙升,导致他们更愿意做出一些铤而走险的高难度动作。乖乖,这就不难理解,为什么车展上要放兽兽那样的车模了。

烟

有时候，你只是习惯，有时候，
你已经有瘾——爱不爱的界限就在这里。

　　闺秀风范，放在"戴安"两个字前面作为定语，大部分时间段里都可说恰如其分，除去她抽烟的时刻。

　　抽得也不多，一个星期才那么一两包，但会一直手包中放着。抽得也不怎么高档，MILD SEVEN 罢了。我说你好歹也是某明星的经纪人，到处见人，怎么就随便抽了这么个玩意儿，换换 DJ MIX、CAPRI 才像话嘛。她把已经快燃到海绵部分的一截狠狠按到烟缸里去，随氤氲吐出一句，"习惯了，不想改"。

　　后来见到 CC 蔡那天，我终于明白了这是为什么。像，超像，抽烟的姿势，掸烟灰的姿势，抽一根的用时长短，吐气的频率，等等，当然还有牌子。他俩是同届同系，暨同乡。如果你还记得我第一回合交代过戴安有哪些特质，一定不会忘了此女生性浪漫，乃以恋爱为终身事业。CC 蔡君则够型够帅，参加好男儿绰绰有余。不过有趣的是，两人从来没有成为过一对儿，这不能不让人感到奇哉怪也。"我在大学时期经历的每一次失恋都有他陪着走出来，绝对是最好最好的朋友，舍不得给糟蹋了。"戴安如是解释。漂亮女孩子，不能带着酗酒，CC 蔡就带着她抽烟，校园马路边、电话亭下、大教室阶梯……一坐就是一下午，你一根，我一根，脚边一圈圈烟蒂堆起来,看她哭,听她唠叨。直到毕业很久之后,她仍可随时给他打电话:"对不起,出问题了,要借你肩膀一用。"

温习着往日情节,CC蔡在我注目礼下谦谦地笑。

但,一切也许仅是个表象。

上周末,戴安生日,大宴天下,迟到了一个半小时以上的CC蔡出现在门口,身旁是妩媚台湾女孩一名。他互相介绍道:"未婚妻江艾蒙,老同学戴安。"

"你知道吗?整个晚上,你的脸都非常臭。"半夜从欢场里退出来,我忍不住告诉戴安这一事实。她先是不语,后来将整张脸埋到了我怀里:"以前最多不过女朋友某某,反正隔几个月就换的,这次居然未婚妻了,我觉得自己终竟失去了他。"

伤心突如其来,却非空穴之风。看来,戴安需要仔细辨认"何谓爱,何谓友爱"了。首先,这是一个非常大的命题,涉及"什么是男女之爱"。当然,我们可以从社会、文化、历史诸方面讲出许多看似大道理的废话,不过从心理学上来说,有一种相对简单的辨别。爱的属性类别可被概括为三个方面:第一是情欲,指的是性激情和欲望;第二是亲密,包括真诚和理解;第三是承诺,包括投入和奉献。以上,"你对他可有任何一种?"戴安选了第二种。

好,必要条件,还不是充分条件,我们继续。有人为区别友情与爱情提出了五个指标:支柱、地位、体系、基础和心境,可以循序一一检验。综而言之:友情是出于理解的,爱情却出于非理性的执

迷。前者强调平等、开放，不以占有为目的；后者充满着不平等、不容有他，并且经常萦绕着欠缺感。

"当然，多数情况下，我们爱一个人都先是从喜欢开始的。友爱是情爱的前提，情爱是友爱掺和进了一些更强烈因素之后的产物。那些因素造成的感觉有点类似于上瘾，需要强制性手段才能戒断。比如说吧，你对他是不是有难以割舍的依恋？"

她乖乖在听，仍皱眉思忖，这些问题绝对不是一时半会儿就能想明白的。但，我郑重提醒道："如果你不仔细分辨清楚，迟早会出现**《我最好朋友的婚礼》**中的情形。"

TIPS

《我最好朋友的婚礼》

朱莉娅·罗伯茨、卡梅隆·迪亚茨和德蒙特·莫罗尼等人主演的美国喜剧，讲一对大学时期先是恋人后成为朋友，但在男主角传出婚讯之后，女主角决定把他重新追回来，着手设计一个又一个"阴谋"的故事。

和不完整性带来的缺憾一起活下去

说到性取向,很有可能,
你是你自己的陌生人。

　　蓝先生去年还在一家时尚杂志做编辑,有一天大呼小叫地打长途手机过来,声音直颤抖:"这个发现太有意思了,你得给我写篇文章介绍介绍。"原来从我博客上偶然看到一段话,让他的性认知迅速发生了改变,其中写道,世界上其实大概有90%的人具有gay或les属性。

　　这个研究的原貌描述如下:有个叫做罗伯特·爱波斯坦(Robert Epstein)的美国心理学家提出了一种看法,动摇了原本的同性恋定义。他认为人类的特征可分为离散性特征和连续性特征两种,如眼睛的颜色是离散性特征,而身高就是连续性特征,而人的性倾向属于后一种,其实是呈广谱分布的。为了证实自己的猜想,爱波斯坦召集了来自13个国家的18000名志愿者,让他们在线填写一份问卷展开调查。结果这些人中只有不到10%的在得分上表现为"纯"同性恋或"纯"异性恋,其他人则在两者之间,区别只在于往哪边更靠近一点而已。而且他还分析道:"完全地描述性倾向需要两个数字:主要性倾向和性倾向范围。前者表示这个人处于哪一部分,后者表示这个人有多大的可变性。"

让我印象深刻的是蓝先生在洗耳恭听了解释之后，对话语气中透露出来一点也造假不来的感激之情。你帮我解决了一个大问题你知道吗？他说，这么多年我一直受困于为什么我每次看到好看的男人也会心生异样，但又不认为自己会接受同性恋这种生活方式，所以在罪恶感中苦苦挣扎。现在好了，我知道和我一样看到其他男人也会动心却用不着非要去和男人一起生活的男人应该数量很多，从今以后可以放心地和女人交往下去了。

以上这次拯救行动发生后不久，就发生了迈克尔·杰克逊（Michael Jackson）奇怪的死亡。不过，MJ 死去这天晚上我最糟糕的反应就是什么反应也没有，第二天中午看到铺天盖地的头条，心里头那块用来防卫的坚冰才咔嚓一下子遭遇全球变暖，接下来一星期和全球民众一起沉浸在无限哀思中。星期六下午，特地抽时间去参加了一个小型纪念会，十来个人，什么也不说，黑暗中静静看纪录片。这部纪录片的名字叫做《和迈克尔一起活着》（*Living with Michael*）。

屏幕上跟在 Michael 车后追的人群黑压压一片，帅气高大的男孩子冲出来立在街中央学太空步以期引起注意，那是 2001 年 MJ 天王到德国的一次出巡。彼时面孔已经变形，鼻子像个小丑一样翘着，头发乱乱披挂在脸上，怎么说丑怪都不过分。可得到他一次拥抱之后，无论男女老少，一律像得到上帝的亲近，兴奋至两腿瘫软，掩面痛哭。

　　他被很多人爱，因为战栗的音乐和危险的舞蹈。演化心理学家试图告诉我们，人类这些能力都是和性有关的——它们是更强生殖能力的一种外在信号表现。但是，为什么那么多的男人也爱着他？有天夜里发现不再迷惑的蓝先生同样在博客里写MJ，倾诉曾经如何倾倒，那措辞丝毫不掩饰诏媚：一场舞看下来，达到了高潮，醒来看这个世界都觉得可爱了一点。

　　这通吃的、没法没天的、天煞的MJ！

　　演化造就两性，原有它深沉狡猾的用意。无法自行完整的生物体为了繁衍，须得努力寻找另一半，与此同时，也从这过程中获得快乐作为奖赏。然而到了某一阶段，变异发生，那些造反派宣称放弃神圣使命，只想要快乐了，不管性别角色，一律无可无不可。有些人，不管他本人愿意不愿意，在现代商业机制的推动下，被成功运用到了这个目的。看MJ拍摄于20世纪80年代的mv，简直妖魅，任是大男人也要顷刻之间呼吸变粗。

　　回到前面的连续性广谱分布原则，以上现象纯属正常，原不是多么难理解的事情，谁也不用大惊小怪。

不如都养

要宠物,要男人,
要男人,要宠物……噢,不要多想了,各一个吧。

清晨或傍晚,路过家附近的开放式公园,总能见到三三两两牵着绒绒一团儿在草地上走的幸福人儿。每每忍不住往下看,只消一眼,落入眼帘的小京巴、小博美、小丝毛梗、小雪纳瑞们,一副憨憨萌态,瞬间就能让我魂飞魄散。

那些引无限怜爱的小物种是怎么来到这个世界上的?演化史和基因组测序会给你一串长长的解释。我那学哺乳动物分类的博士朋友会饶有兴致地和我分析它们在外形上如何历时数十个世纪被人工选择得只剩大脑袋、大眼睛和小身体,而恰恰是这一副未成年婴幼形态勾惹起了我们身上与催产素伴生的母爱——不要讥诮,更不要惊讶,男人也会分泌这物质。

长期的宠物豢养对人的性情显然是有一定塑造作用的,如今我已经颇有几个女朋友口边变得爱念叨一句"和一个男人待在一起还不如和一条狗待在一起"。这种陈词四处可见,也无甚新鲜,但麻烦的是我这种较真人士,会忍不住思考这个命题的可成立性到底有多大?

据我观察,这几位女友倒是情况各异,在与异性交往方面频率

相差十分之大,有的几个月就换新侣了,有的空窗期数年,有的和一两个对象反反复复分分合合。不过比较一致的一点是,她们的的确确都没有十分稳固的情感关系,而同时,她们又都选择了我前面所列举的可爱型小犬来作伴,揽手便能抱个满怀。曾见过两只十分精悍不怎么黏人的拉布拉多,主人却是一对淡然相处了十年以上的长期恋人。由此我不禁猜想,女友们是在借那些对人倚赖极大的宠物来表达一种渴望被全心溺爱的欲求,相对不那么亲昵的猎犬,似乎难以体现出一份"恨宠"之情。不过这个样本量不大的归纳总结并不足以支撑前述假设,仅仅是我的一个观点,也许还是偏见。

网络上风传过一个说法,说是有研究称人们堕入爱河只需 0.2 秒。看上去十分煽动的措辞,其实语焉不详,因无从得知这时间指的到底是从什么状态到什么状态,态度十分不科学。于是我找来了英文资料,大致搞明白 0.2 秒中发生的事件。其实是大脑中和恋爱有关的区域被激活了,诸如多巴胺、后叶催产素、肾上腺素和去甲肾上腺素等欣快物质开始在 12 个不同区域陆陆续续分泌。

不过对我来说,这却不是重点,因为该研究真正的用意是找到恋人间的爱和其他的爱有何不同。相信这个问题一旦搞懂的话,爱狗和爱男人的分野也就有迹可循了。事实上,它的确起到了厘清事实的作用,论文发表于 2010 年 8 月份的《性医学》(*Journal of Sexual Medicine*),作者是一位来自美国雪城大学的美女神经学者斯蒂芬妮·奥蒂格(Stephanie Ortigue)。她解释道,无条件的爱——就像母亲和孩子之间的那种,以及对弱者的怜惜——是在大脑公共区域或中间层促发的;而激情之爱——就像那些电影中乐于拿来编段子的那种——则是由大脑中负责奖赏的部分和负责联想及认知的部分统辖的,"地点"完全不同。

如此这般,我想自己便能坚定地在"和一个男人待在一起还不如和一条狗待在一起"的命题后面打个红叉叉了。说来说去,多半还是当事者负气之言,而脑中其实自有分辨。不过话说回来,正因如此倒可以加上另外一个修正命题了:和男人在一起并不能取代和狗在一起的快乐,反之亦然。

一边恋爱，一边单身

没错，任性如我，只会告诉
自己说：这样很好，可以好很久。

随着普天同庆的舶来节日 Valentine's Day 迫近，唐纳薇陷入了巨大无比的恐慌。自上周以来，已经超过一周时间持续如下状态：每天在临睡前平均要花 23 分钟思考终极问题，直至头皮僵硬隐隐抽筋。

悲剧起源于身在某顶尖时尚媒体、已经基本进入高层的滕小姐，心血来潮请喝的那一次下午茶。她与我属于大学里的师姐妹关系，同一个大系下面，当年也算打过交道。一次宴会上重逢，赶紧叙旧。

滕小姐虚长几岁，从发型到衣着都和我十分接近。多年未见，却在外表上修得如此品位一致，两个人都不由得啧啧称奇，于是相约周末再聚。聊得越久，越大惊喜——她还没有染上所谓时尚人士那种不接地气般假惺惺问"何不食肉糜"的恶习，难得得不得了。唐纳薇就不由得放松了警惕，因着刚刚从无疾而终的姐弟恋中解脱出来，趁此大剌剌吐露了一番单身宣言，原也是找亲密话题、拉近距离的意思。

但，此举着实犯了交际生活中顶顶重要的一个忌讳：滕小姐——是做媒体的。

恬然倾听到若有所思，礼貌性接话茬到主动提问，三个回合过后，她冷不丁甩出一句："我让我的记者过几天来采访你。"

"啊！为，为，为什么？"我一下子完全惊愕了。

擅长交谈艺术的本系师姐稍稍侧过脸，吹了口气，啜下一口黑咖，在脸颊上缓缓鼓出一个笑靥来，开始解释："情人节专题呀，我们要找有观点的代表性人物，谈一谈他们的情感生活，"她唰地指定了我，"你，就是一个典型'干物'代言人，最正点了。不，要，跑！"

认真说起来，最近十年的生命里，情人节时分落单居多，一半运气，一半也因着每段恋爱确实都维系不长。此种境地，我一直视为必然，从来不会多去加以思考深究。堪堪答应下来，然而两天之后才发现了这一任务的真相，竟是在逼着自己去回应"要不要做一个纯粹的单身族"——挑战诚实、考验认知的天杀命题啊。

那么，然则，且问，何为单身？

显然，我并未坚定到生活里可以完全没有情感的涉入，可情感和单身，那的确是毫不相干的两码事。即使在一段如火如荼、不见面就无法找到生存意义的火辣热恋之中，我也基本上不会考虑与对方搬到一起、朝夕相对。恋爱不忘单身，两厢和平共处，其实也可以是一种处世方式。而且目前来说，它对我是最好的。

一切现状的造成，真正的根源在了，唐纳薇从小不以追求幸福为己任。

幸福是太遥远的一个神话，一个传说。

和我一般理解生活真相的人也绝不会找不到，丹佛大学心理

学助理教授艾瑞斯·牟斯（Iris Mauss），气质美女学者一名，曾在《情绪》（*Emotion*）期刊上发表过一篇名为《衡量幸福之两难境地》的综述。文章认为，不管每个人心中对幸福的定义有多么千差万别，把幸福当做头等大事的人，感受到的积极情绪会比其他人少，对生活的满意度也常较低。一心追逐幸福的人甚至比还在追求其他意义的人更容易抑郁。她和同事在一项实验中，让实验组被试看一些灌输"快乐很重要"这一观念的文章，而控制组则不接触这方面的信息，结果在后面观看专门为他们一起播放的喜剧过程中发现，接受过暗示的人感到的快乐反而少。

这说明，期望高者，馅饼儿再多也喂不饱。反过来，期望低者，也许还能不期然得到一个生活树上砸下来的大苹果。

但真正的麻烦在于，内心里一个声音此刻噌地冒了出来：这，是否意味着你骨子里终究还是一个投机分子？

啊，我不得不说，真的很恨时尚媒体，于是就逼着自己去和灵魂对峙了，以情人节的名义。

TIPS

干物

从日文中来，源自对鱼干的称呼。在火浦智漫画《小萤的青春》中，女主角雨宫萤就是一个这样的典型形象——喜欢独自看漫画、饮啤酒、假日好睡、自得其乐，其特点是不竞争、不交际、不运动、不恋爱。后该词被用来指无意恋爱的二三十岁单身女性。

图书在版编目（CIP）数据

爱与性的实验报告 / 小庄著 . —2 版（修订本）.
—杭州：浙江大学出版社，2015.3
ISBN 978-7-308-14194-9

Ⅰ . ①爱… Ⅱ . ①小… Ⅲ . ①爱情－通俗读物
Ⅳ . ①C913. 1-49

中国版本图书馆 CIP 数据核字（2014）第 205906 号

爱与性的实验报告（修订本）
小 庄 著

策 划 者	杭州蓝狮子文化创意有限公司	
责任编辑	曲 静	
出版发行	浙江大学出版社	
	（杭州市天目山路 148 号 邮政编码 310007）	
	（网址：http://www.zjupress.com）	
排 版	杭州中大图文设计有限公司	
印 刷	浙江印刷集团有限公司	
开 本	880mm×1230mm 1/32	
印 张	7. 125	
字 数	141 千	
版 印 次	2015 年 3 月第 2 版 2015 年 3 月第 3 次印刷	
书 号	ISBN 978-7-308-14194-9	
定 价	32. 00 元	